Photographs by Shinichiro KOIKE

敵は我に在り

〈新装版〉上巻

野村克也

〈新装版〉に寄せて

本書『敵は我に在り』は一九八〇年、私が四十五歳の現役引退時に刊行されたはじめての著作である。"生涯一捕手"というキャッチフレーズを己に言い聞かせ、二十七年間、通算三〇一七試合に出場することができた。そのひとつの使命をやり遂げた達成感以上に、私はこれからはバットも、ミットも持てない。これからは、首から上を使って生きていくしかない、と決意していた。覚悟に勝る決断なし、といわれる所以である。

野球には、キャッチャーという視点から見た場合、「結果球」をどう考えるかという意識がひじょうに重要である。「結果球」とは、前の打席である打者を打ち取った場合の球種を指す。外角低めのスライダーで打ち取ったのか、ストレートで打ち取ったのか。その「結果球」次第で、次の打席の配球をキャッチャーは考える種族なのである。この思考は、私の野球人生の基本戦略となった。物事を多角的に考え、洞察するという発想は、そののちプロ野球監督として「野村ＩＤ野球」を推し進める基となった。本書は、私が野球とともに歩んできた軌跡、昭和という時代のプロ野球観を示した拙著である。二十八年の時空を越えてご愛読頂ければ、これにまさる喜びはない。

二〇〇八年二月

野村克也

野村克也

敵は我に在り

〈新装版〉上巻

WANIBUNKO
39258

第三章　「守り」とは何か

第四章　**リーダーの条件**

第五章　敵は我に在り

本文イラスト●山口三男

第一章

歩いた跡が道になる

三千試合出場を達成した日

●山の向こうに見える山

正直いって、とまどっています。

三千試合出場を達成すれば、ひと息つける。実は、そう考えていました。やれやれ、やっとたどりついた——。長かった……そんな安堵感にひたれるはずだった。スタンドから拍手を送ってくれるファンのみなさん、顔なじみの報道関係の人たち。それに昭和五十四年から仲間になった西武ライオンズの選手、首脳陣、フロントの人々、パ・リーグの関係者……。

「ノムさん、長い間ご苦労さん。二十七年間、お疲れさまでした」

誰かれとなく、ねぎらいの言葉をかけてくれる。しのぎを削った他球団の選手や首脳陣からも祝福を受けました。喜びは想像以上に大きかった。

しかし、釈然《しゃくぜん》としない何かが残っています。

「いろんなことがありましたが、なんとかここまでこれました。ありがとう」

心から感謝の気持ちが湧《わ》きあがってきます。それと同時に、冷静に自分を見つめる別の眼が存在している。

三千試合出場なんて、王貞治氏（現・ソフトバンク監督）の八六八号本塁打や、張本勲氏（現・評論家）の三千本安打、元阪急・福本豊氏（現・評論家）の八〇〇盗塁に比べると地味な記録かもしれない。

それでも、昭和二十九年にテスト生として南海へ入団、一七五センチ、八五キロの体で二十七年間、プレーをつづけてきた結果です。それなりに、「後輩たちの目標になる」という自負もあった。

ところが、なんとなく満足し切れない。感謝することだけでは酔い切れなかった。なんだ、どうしたんだ……考えつづけて、ふと思い当たったのです。

いつだったか、こんな言葉を聞いたことがあります。

「山は、登ってみなければ、その高さがわからない。一〇〇〇メートルの山に登って初めて、その向こうに一〇〇〇メートル以上の山が見える。その頂上に立たなければ、その向こうにも高い山があることに気づかない」

野球選手としての生涯の大半を託《たく》したのが南海だった。その南海を去ってロッテ、ロッテから西武へ。三千試合出場という記録への挑戦は、自分を奮《ふる》いたたせる材料の一つだった。野球人が経験したことのない高さまで登ってやろう。誰も足を踏み入れていない道を切り拓《ひら》こう。そう考えて歩いてきた。

年齢との戦いでもありました。同じ昭和十年生まれの梶本隆夫氏（元阪急投手）、豊田泰光氏（元西鉄、現・評論家）、一つ年下の杉浦忠投手（元南海投手）、長嶋茂雄氏（巨人終身名誉監督）……みんな、すっぱりと現役を引退して、気がついてみると一人だけ残っていた。

京都・峰山《みねやま》高校から南海へ入団した昭和二十九年、代打で九試合に出場したが、翌年はファーム暮らし。毎日、バットを振りつづけました。軟式テニスのボールで握力をつけ、砂をつめた一升（一・八リットル）ビンで手首を鍛えた。いったい、プロで何年間生きてゆけるのか、一シーズンに一〇〇試合も出場できる捕手になれるだろうか。不安も大きかった。

プロ三年目の三十一年、ハワイ・キャンプで認められ、一軍選手への道が拓けました。翌三十二年は三十本の本塁打を打ってタイトルを獲得した。それでも、まだ、先輩捕手だった松井淳さんの存在におびえていました。いまでもはっきり覚えているのは、三十三年の出来事です。

シーズン途中、打球を当て右手親指を骨折した。見つかれば交代です。ひたかくしにしたのです。特別注文したブリキのサックで骨折個所を固定し、痛み止めの注射をしてマスクをかぶりつづけました。

私は打力を買われた捕手だった。

投手リードは松井さんの方が数段も上です。マスクをかぶれば、松井さんの〝持ち味〟が再認識されてしまう。そうなれば、もう二度と出場のチャンスなど巡《めぐ》ってこないかもしれない——と思ったのです。

「ノム、お前には負けたよ」

松井さんの声が、きのうのことのように聞こえてくる。私のケガを知りながら、松井さんは黙っていてくれたのです。そんな不安の日々から、いつの間にか三千試合出場となってしまった。

そして、改めて、誰から聞いたかも忘れたある言葉を、かみしめている。人間、いつまでも挑戦する心を忘れるな——いつも、山の向こうに見えた新しい山が、二十七年間にわたる野球選手としての私を支えてくれました。

いまも、三〇〇〇メートルの山の向こうに新しい山は見えている。

しかし、その「登山口」を見つけることは、もうできません。

それでも〝登る〟ことは、人間としてやめられない。

また別の「山脈」でのアタックがつづくと思うのです。

生涯一捕手のプライド

●窓際からの再出発

「西武ライオンズ　野村克也　19」

サインを頼まれても、これだけで終わってしまうと、何か物足りなさそうな顔をされました。

「生涯一捕手と書いて下さいよ」

そう注文されるたびに、テレくさい思いをしたものです。〝生涯一捕手〟は、私の代名詞になっていました。これには、ちょっとしたいきさつがあるのです。

昭和五十二年のシーズン終了間際、南海ホークスの監督を解任されたのです。四十五年に三十五歳で兼任監督をつとめて以来八年、選手を育てチームを強化し、四十八年にはパ・リーグ優勝も達成しました。それだけに、監督を辞めたあと、選手一本で南海に残れるという状況ではありません。

そのとき、四十二歳。「もう、現役を引退してもいいじゃないか」と、忠告してくれる人もいた。そこへ、当時ロッテの監督だった金田正一氏（現・評論家）が誘ってくれました。

一人の捕手として、再出発が決定した、その年の暮れ、あの言葉が私をとらえたのです。

「結局、マスクをかぶることになりました。野球の奥深さ、それをもう少し追ってみたいのです。それにはやはり、座って、実感としてとらえんことには、ダメだと思うんです」

ときどき会食した評論家の故・草柳大蔵さんに会って、報告したのです。草柳さんは、およそ「過去」の話を聞いてくれない人で、あるとき「人間それぞれ過去を持っている。みんなが〝過去〟を口にしだしたらキリがないじゃないか。だから、今日をどう生きるか、それを聞かせてほしいんだ」と、強い眼をしていわれたことがある。私の報告を聞くと、「それがなんだ」といったふうで、ビーフステーキを切る手をとめないのです。私は、人生のある転機を口にしているのに、草柳さんの素っ気ない態度が意外で、少し腹立たしくもなりました。

「その年齢でまだやる気か、という人もいるんですけど……」

「いま、おいくつですか」

「四十二歳です」

「なんだ、四十歳ちょっとですか。フランスで総理大臣をつとめたフォール氏は、僕が会ったとき七十四歳だったが、ロシア語のABCから始めていましたよ。人間、何かを求めている限り、一生涯が勉強ですよ。やりたければ、やればいいでしょう」

私は、耳たぶが熱くなるのを感じました。世俗的な評価にとらわれている自分に気がついた。

「そうだ、自分は野球の奥に向かって歩いている人間なんだ。まだ、中途のところにいる人間なんだ」

そのとき、草柳さんが「禅語に〝生涯一書生〟というのもありますしね」といったのを、まるで鸚鵡《おうむ》返しのようにとらえて、「ええ、ぼくは生涯一捕手でゆきます」と答えてしまったのです。

家に帰って、色紙に「生涯一捕手」と書いてみた。

「捕手」という言葉がどんどん大きくなって、人間関係における捕手の位置、人生における捕手の位置、ものを見る立場としての捕手の位置……さまざまに解釈できるのです。それぞれに深い内容を包んでいると思えるのです。

「一捕手」の「一」は、徹底するという意味、それに強さがある。私は、この言葉の中に吸い込まれた。実は、考えれば、考えるほど、恐ろしい言葉なのですが、この言葉から離れられなかったのです。

松下幸之助さんの「失敗について」の話が、そんな私を勇気づけてくれました。

ある人が、家電業界で大成功した松下さんに「失敗したとき、どう対処してきましたか」と質問した。

松下さんは「私は失敗したことなどありません」と答えたそうです。

「意の如く事が運ばないことを失敗というのなら、それはいままでにも随分《ずいぶん》あった。しかし、私はいつも禍《わざわい》を転じて福とするようにしている。その意味で、失敗したことはありません」

本当に、すばらしい言葉です。

高校を出て、野球だけに生きてきた私にも、数え切れない挫折はあった。そのいくつかは血となり、肉となりました。監督解任も、意の如く運ばなかったことの一つだが、それだけでは、たんに「経験した」ということに終わってしまう。八年間の経験をプラスにして出直せば、それまで以上にいい捕手になれるはずだと考えました。

「捕手は守りにおける監督の分身である」というのが、私の持論です。

それを、もう一度つきつめてみたかったのです。肩は衰え、打撃も思うにまかせない。それでも、状況を見る眼、投手の力を引き出す力、頭脳の戦いで、一歩でも〝理想の捕手〟に近づきたい。体力の衰えをカバーしながら、やれるところまでやってみようと考えたのです。

「オレは野村」の心意気

●首位の足すくう三連勝

元阪急の打撃コーチ・長池徳士氏（現・評論家）の声が、まだ耳の底に残っている。昭和五十四年の八月初旬、福岡・平和台球場でのことです。

「ノムさん、そうガリガリやらんでもええでしょう。いまさら、西武が勝っても、どうなるわけでもないのに……」

長池選手がボヤいたのも、無理なかった。当時、最下位の西武が、首位阪急に三連勝したのです。阪急は前期、近鉄に逃げ切られて優勝を逸《いっ》し、後期こそと眼の色を変えていた。平和台球場へ乗り込んで、弱い西武相手に首位固め……の皮算用だったと思います。

ところが、逆に三連敗し、三試合ともマスクをかぶった私に、つい、悔しまぎれのグチが出た。私は、思わず心の中で快哉《かいさい》を叫びました。

そして長池選手に答えました。

「イケよ、西武じゃないよ、野村だよ」

阪急の選手たちが「何をいまさら」という気持ちになったのも当然です。五十四年の西武は、五十日間の海外キャンプ（米国フロリダ州ブラデントン）のあと、ぶっつけ本番がたたり、最悪のスタートだった。前期はさんざんだし、後期も相変わらず低迷していた。しかし、私は捕手としてこの三連戦に賭けていたのです。

三連戦の第一戦が始まるという試合前、和田作戦コーチから声をかけられた。「きょうは先発でマスクをかぶってほしい」という指示でした。

まさに「青天の霹靂《へきれき》」の指示です。私には前期の終盤から出番がなく、出場指令が出るとは考えてもいなかった。マスクがかぶれる、という喜びより、思わず気持ちが重くなった。

強い阪急を相手にして、よく戦っても、せいぜい一勝二敗でしょう。悪くすれば、三連敗の危険もある。おまけに、福本豊、簑田《みのだ》浩二の一、二番打者をはじめ、俊足の選手も多い。実戦のカンが薄れ、そのうえ弱肩になった私には荷が重すぎる。やってやろうというより、正直いって弱気だったのです。

いま考えてみると、この試合が私の分岐点でした。消極的な気持ちのまま、マスクをかぶっていたなら、あるいは五十五年のシーズン、二十七年目の現役生活はなく、三千試合出場も達成できなかったでしょう。

弱気になった私の心を、何が引き立たせてくれたのか、やはり、〝野球の虫〟だった。どうせ、恥をかく……と思いながら、それでも付け焼き刃の準備を始めた。スコアラーから届けられたデータに目を通し、阪急の打撃練習をじっくり観察したのです。

阪急とは、これまで何百回となく対戦してきた。手の内を知りつくした相手です。ところが、そのとき、いつもと違う阪急を見つけました。ごくわずか、微妙なズレだが、最新のデータは阪急の選手の肉体的疲労を指摘していたのです。実際に練習を見ても動きはよくない。バットスイングも、わずかながら鈍いのです。首位にいて好調に見えるが、チーム全体に疲労の色が滲《にじ》み出ていた。

「よし、これを徹底的に利用してやろう」かすかな光明《こうみよう》でした。疲労は、体のキレを鈍らせるだけでなく、集中力も失わせる。一つ一つのプレーに対する意欲も欠けてきます。さらに顕著になるのは、頭の回転が悪くなることです。

一人一人の打者に用心深く対処してゆけば、いくら阪急打線でも点火しにくい状態におくことができると分析したのです。一、二番コンビの福本、簑田をマークするのは、阪急打線に対する鉄則です。得点力を大幅に低下させることができるわけですが、この三連戦ではとくに簑田選手を徹底的に〝殺す〟ことを考えました。三試合で彼が出塁したのはわずか一度だけ、それが阪急打線を分断する決め手になりました。

第一戦（6－2）、第二戦（5－2）、そして第三戦（7－1）と、阪急打線は沈黙したまま、ついに爆発しなかった。その結果、長池選手がボヤいたのです。

しかし、実際は「いまさら、西武が……」という問題ではなかった。「野村」の、意地を賭けた戦いでした。翌朝、帰京準備のためスラックスをはいてみると、ベルトの止め金具が一つ、深くなっていました。三日間座りつづけて、脂汗を流したからでしょう。

ストライクはアマでも投げる

●松沼兄が十五勝した秘密

脂汗を流した心意気は、そのまま「捕手は守りにおける監督の分身である」という鉄則にあてはまります。

自分の持っているすべてを出し切って投手を支え、失点を最小限に防ぐ。これが、チームの勝利に直結します。

「監督までつとめ、クビになったあとも、よく平気でプレーヤーとしてやっていられるものだ。自分を使う監督の立場にも、なってみたらどうなんだろう」

こういう声を、聞くこともありました。

しかし、それは、私が「一捕手」として再スタートしたことを皮相的にしか見ていません。

ピッチングの本質が何か理解できず、せっかくの素質を活かせない若い投手は大勢います。彼らを少しでも助けることができれば……。それが、長い間、野球をさせてもらった私の仕事ではないかと考えていたのです。

昭和五十四年の新人王になった元西武・松沼博久投手（現・評論家）は、浮き上がってくるストレートに威力があり、いいシンカーを持っていました。東洋大を出て社会人（東京ガス）で腕を磨いた、実力派のルーキーだった。

しかし、それだけの逸材《いつざい》が、シーズン当初どうしても勝てないのです。私の眼には、はっきり欠点が映っていた。ストライクを投げすぎるため、大事なところで打ち込まれてしまうのです。

「ストライクを投げすぎるのが最大の欠点」と書くと、不思議に思う人も多いでしょ

う。スポーツ新聞には、「制球難で自滅」などと、よく書いてある。なぜ、ストライクを投げすぎてはいけないのか。

制球難は論外ですが、ストライクばかり投げようとするのは、アマチュアなのです。プロで一流になるためには、意識してストライクをとり、ボールが投げられなくてはダメです。

どんな仕事でも、相手がいるときに勝負を急ぐことは禁物でしょう。野球でも同じなのです。投手にも、打者という相手がいる。一球一球、待ち構えている相手に攻めるばかりで引くことを知らなければ、必ずといっていいほど失敗します。

たとえば、カウント2―1と追い込みます。打者は打ち気にはやっている。そこへ、ストライクを投げると、どうなるか。よほど球威があるか、いいコースへ決まるか、相手の狙いをはずさない限り、打たれる確率は高いのです。松沼投手は、そんなケースでも正直にストライクを投げて、痛打されることが多かった。

ある日、私がマスクをかぶりました。打ち合わせで「ボールにする」いうサインを示すと、「そんなサインがあるのですか」と目を丸くしたものです。こんなことでは、十勝以上を稼ぐ投手にはなれません。

松沼投手への助言は、ボールの効用から始まりました。ボールを打たせて凡打させる、ファウルさせてカウントを有利にする、うまく空振りさせる。その重要さを実戦でわかってもらうことからスタートしたのです。

元阪急の加藤英司氏（現・評論家）は、追い込まれるまで少々ボール気味のコースでも強引に打ちます。しかし追い込まれると、ミート打法に切り替える。こういうタイプの打者には、追い込むまで正直にストライクゾーンへ投げる必要はないのです。

逆に、追い込まれるとバッティングが粗《あら》くなる打者もいる。内角高めのストレートならボール気味でも強引に振る。外角低めのボールになるカーブに引っかかる。打者は千差万別です。弱点を利用しながら追い込み、勝負してゆくのです。

最初は戸惑っていた松沼投手も、しだいに「意識してボールを投げる」ことを理解した。それで、最下位のチームにいながら十五勝もできたのです。

ボールを投げる、ということは、打ち気をはずすということとともに、もう一つ重要な要素を持っている。相手を誘う、ということです。次の投球を生かすための伏線になるわけです。

これが、投球に自分の意思を伝えることです。同時に、打者に合わせず、自分のペースで勝負することです。一球一球を、「なぜ」「どこへ」と考え、理解して指先に気持ちを集中させる。それが、「一球を大切にする」という意味なのです。

現役でいる勇気

●肩たたきは無用

当時、新聞や雑誌でよく、「定年延長」という言葉を見かけました。一般の会社でも、六十歳定年の見直し時期に入っているようです。

それだけ、日本人の体力、頭脳の老齢化が遅くなったということでしょう。実際、私がプロ入りした昭和二十九年頃は、三十二、三歳が選手生命の限界だった。それから半世紀以上たって、プロ野球の世界にも定年延長の兆しが見えます。昔ならユニホームを脱いだ三十代前半は、まだまだ働き盛りです。

王貞治氏の八五〇号本塁打、張本勲氏の三千本安打、どちらも四十歳での挑戦です。三十代前半が働き盛りの好例は、元広島の山本浩二氏（現・北京五輪野球日本代表コーチ）でしょう。三十歳になった五十二年、初めて四〇本塁打、一〇〇打点をマークしました。それを四年間つづけ、「ミスター赤ヘル」と呼ばれました。

だから、四十五歳の私も厚かましくやっていた――というのではないのです。四十歳を越えてからの一年一年は、「来年も現役で」と決断するのに勇気が必要だった。

しかし、今後は四十代の選手が当たり前になるでしょう。

「四十歳を過ぎて、まだやるの？」

「ウーン、あのね、野村っていう捕手、確か四十五歳頃までやってましたよ」

そんな、気易い先例になれば……と思う。

出処進退という日本の美意識からすると、私など最悪です。しかし、まだやれると思いながら引退するのは、プロの選手としては残念でならない。もちろん、人それぞれですが、私は惜しまれて去るカッコよさだけでは承服しがたいのです。

「もう、お前のプレーは見たくない」と見放されるか、「君とは契約する意思はない」といわれるまで、頑張るべきです。

「ユニホームを脱ぐのは、勇気がいる」とよくいわれる。

本当にそうでしょうか。私は逆だと思うのです。どんな職場にも新陳代謝がある。それとなく勇退を勧告されたり、窓際で居心地の悪い思いに耐えることになります。

「辞めた方が、どれだけせいせいするか」と考えるのは、野球選手も同じです。としをとると、まず、反射神経が鈍る。瞬発力が衰える。昨年までは打てたはずのストレートにつまってしまう。以前は捕れた打球が、体のすぐ横をスリ抜けてゆく。過去の実績が大きい人ほど、この落差に耐えられません。

「自分は、やるだけのことはやった。もう、思い残すことはない」

これは自己からの逃避でもあります。金田正一投手も中西太選手も、梶本隆夫投手、豊田泰光選手、長嶋茂雄選手……私の眼には、まだやれるように見えました。捕手と、投手や内野手は違う。そう考えながらも、あと一、二年は頑張ってほしかったと思うのです。

「やるだけ、やった」というのは、限界を越えたあと、どれだけやったかということではないでしょうか。

私の場合、四十歳が転機だった。右ヒジ痛で、投手へも満足に返球できない。そのとき、大リーグの投手が腕立て伏せでヒジ痛を克服したという話を、新聞で読んだ。逆療法です。私も、そのトレーニングに賭けてみました。

最初は、痛みが激しくて二回、三回が精いっぱいだった。悲鳴をあげながら、毎日毎日つづけました。いつの間にか十回となり、十五回、二十回と増えて痛みを感じなくなった。

ヒジの痛みは克服したが、肩の衰えは防げない。下半身も弱くなって、一試合マスクをかぶりつづけると、アキレス腱が腫《は》れて硬くなってしまう。一時間以上、丹念にマッサージをしないと柔らかくなりません。

こういった肉体的な衰えに、みじめな思いをすることも、しばしばだった。それでも「もっと早く辞めておけばよかった」という後悔はありません。一人でも二人でも、「野村がやったのだから、自分も頑張ってみよう」と考えてくれれば、それでいいのです。

栄光時の水準と、老兵の水準の格差を、歯をくいしばって埋めるのです。

それがプロというもの、男というものじゃありませんか。

第二章

情報を活かす

ミスは防げる●データをいかに分析するか

5W1HとWHY NOT

私が〈5W1H〉という言葉を初めて聞いたのは、昭和三十二、三年頃でした。一軍に定着し、本塁打王にもなった。取材を受ける機会も多くなり、ベテラン記者との接触もふえました。そんなある日、ベンチのすみで雑談しているとき、ひょいと出たのです。

「新聞の原稿も野球と同じことで、セオリーがある。それが5W1Hというやつさ。原稿が長くても短くても、このうちの一つでも欠けると不完全なものになってしまう」

概略、そんな内容だったと記憶しています。〈5W1H〉というのは、WHO（誰が）、WHAT（何を）、WHEN（いつ）、WHERE（どこで）、WHY（なぜ）、HOW（どういうふうに）――という六つの疑問の頭文字だった。

それ以後、新聞を読んだりテレビを見ると、なんとなく意識したものです。そして、野球に対する取り組み方が深くなり、野球を情報としてとらえるようになったとき、この話が大いに役立ちました。

この〈5W1H〉のことを、〝六人の正直な召し使い〟とも呼ぶのだそうです。評論家の故・扇谷正造氏が、その出典を書いています。イギリスの海洋詩人、ジョセフ・キップリングの詩の一節です。

「私は、六人の正直な召し使いを持っている。彼らはいつも、私の知りたいと思っていることを教えてくれる。彼らの名は『何を』『なぜ』『いつ』『どうして』『どこで』そして『誰』である」

考えてみると、捕手として打者として、克明にメモした資料は、すべて〈5W1H〉の原則が適用されています。

もう四十年以上も前のことですが、全盛時代の西鉄ライオンズを例にとっても、それがいえます。稲尾和久投手ら投手陣には打者の眼で、中西太選手、豊田泰光選手ら打撃陣には捕手の眼で、観察をしてきた。

たとえば、稲尾投手なら、こうです。「なぜ、打ち込めたのか」「どんなボールを打ったか」「そのときの状況は」「どうやって」そして「どこで」「いつ」。

「どこで」「いつ」は、平凡なことです。しかし、軽視はできない。この二つを集計すれば、球場や風の方向によってコンビネーションが違う場合がある。

このように、〈5W1H〉は重要な資料になってきましたが、私がある人から「もう一つあるよ」と教えられたのが〈WHY NOT〉なのです。これは、「打てた」あるいは「三振した」などの結果について、裏側からライトを当てることになります。

稲尾投手に三振した。「なぜ?」だけで終わってはいけません。「なぜ、打てなかったか(どうすれば打てたか)」が必要なのです。捕手としてメモをとるときも、同じことがいえます。投手が「なぜ、打たれたか」とともに「なぜ、抑えられなかったか」を究明しておかなければ、今後の対策としては十分といえません。

AとBの二社が、ある契約を争った末、A社が勝ったとします。「なぜ、勝ったか」より「なぜ、負けなかったか」を考えるべきです。それが、以後の戦略に大きなプラスをもたらします。

〈WHY NOT〉は、守りの哲学でもあります。私の場合、打者としての立場からも十分に参考になったが、それ以上に大きかったのは、投手をリードする捕手としての資料分析に役立ったことです。

「なぜ、抑えられなかったか」は、いろいろと波及してゆく。投手の体調、疲労度、精神状態、サインもれ、投手のクセ……。いろいろと「?」が提起される。その

「？」の集団を一貫して流れるものを考えぬくことです。

メモをとらなければ、一流選手にはなれない。整理もします。それをどう活かすかが、超一流への道につながります。〈WHY　NOT〉こそ、その決め手なのです。

守りのときこそ、データが生きる

王シフトが登場したときの、ファンの驚きは大きかった。

「三遊間とレフトが空っぽで、本当に大丈夫でしょうか」

その当時はよく聞かれました。

「確率の問題なんですよ。王選手の打球の方向を追跡調査して整理すると、遊撃の定位置から左への打球は、一シーズンに何本もないのでしょうね」

私が答えても、この程度では心配らしく「もし、選手が守っていないところへ打球が飛んだら、どうするのですか。普通ならアウトなのにヒットになってしまいますよ」とつづく。確かに、その通りです。

しかし、〈シフト〉というのは、確率です。一シーズンに、何本も打球が飛ばないところへ野手を配置するより、打球が集中するゾーンを強化しようという考えです。

王シフトは、確か昭和四十年頃、広島カープが採用しました。王選手の打球は、センターラインより右側へ飛ぶことが、圧倒的に多かったのです。それに、一発の恐怖です。もし、ガラ空きの左方向に目を奪われて流し打ちをしてくれれば、もうけもので「ヒットなら、いつでもどうぞ」というわけです。

王選手も五十年以降は流し打ちが目立ってきましたが、バッテリーのコンビネーションにも反省の余地があった。上手に攻めれば、王選手の動揺を誘えることもある。事実、五十二年の日本シリーズで、元阪急の足立光宏投手は、二死一、三塁のピンチで、内角カーブを投げて左翼フライにしとめた。これが完封勝利につながりました。王選手が普通に打っていれば、ホームランになっていたかもしれないコースだった。左へ流そうとして失敗したのです。

このように、投手と打者の勝負は、集中力を欠いた方が負けです。

シフトの心理的効果を、プロ野球に初めて持ち込んだのは、元阪急のD・スペンサー選手だった。三十八年に来日すると、投手のクセを盗み、投球の傾向を読んだバッティングで、パ・リーグにショックを与えたが、守備（二塁手）でも頭脳派でした。

試合の終盤、私が打席に入ると、一、二塁間を広くする。ヒットならかまわないが、本塁打は困るというケースです。「広く空いているから、ここへ打て」とゼスチュアをしてみせるスペンサーを見て、大変な選手が来日したと思いました。彼とは二年後の四十年、シーズンの終盤まで三冠王を争ったが、先の読める、いい選手でした。

私に対するシフトは、のちに他球団も真似《まね》するようになり、王選手の場合とは逆に、三遊間を狭く守られました。現在は、どの球団も打者に応じて内、外野の守備位置を変えて守っています。データを積極的に取り入れているのです。

私は、南海の監督に就任（四十五年）するとすぐ、〈長池シフト〉〈永渕シフト〉を考案しました。長池選手の場合は、一、二塁間への打球が少なく、逆に右中間から左への飛球が多かった。そこで、二塁手を右中間に入れ〝四人外野〟を採用しました。永渕洋三選手は、左翼方向への飛球が少なく、逆に二遊間のゴロの打球が多かったのです。俊足でもあり、内野安打のケースが非常に多かったので、左翼手を三遊間に守らせ〝五人内野〟で対抗した。

これらの〈シフト〉は、シーズンオフにデータを整理して考え出します。各選手の打球の方向を一本ずつ、安打も凡打もすべて、私なりのシステムで方眼紙へ書き込んでゆく。そこから、打球の方向を割り出しました。

野球には、いろいろなデータがあります。各選手の足の速さ、肩の強さなどの基本的なものから技術の把握、性格分析、監督の采配《さいはい》の傾向まで、戦う相手のデータはすべて頭に叩き込んでおかなければなりません。

「豊富な知識はピンチを救う」といいますが、それらの情報が、困ったとき、追いつめられたときの判断や決断の材料になります。

ただし、データを盲信するのは危険です。十二分に消化した上で使わなければ、決定的な失敗を招く場合がある。私が無条件で信頼するのは、打者の打球方向のデータだけ。もちろん、回数、点差、走者、アウトカウント、投手などの状況をかみ合わせて使わなければならないのは、言うまでもないことです。

情報を見抜く眼

何でも、プロ野球だけに限りませんが、情報の氾濫《はんらん》ぶりは大変なものです。それだけに、情報を表面的な現象だけでとらえたり、感情で受けとめてしまうと、かえって失敗を招く。情報化が情報禍となってしまいます。

野球は、攻撃と守備を交代することで成り立ち、それぞれが「攻め」「守り」の両面を持っています。「攻撃における守り」「守備における攻め」という、一般的にはなじみの薄い二つを説明しましょう。

「攻撃における守り」とは、盗塁、バント、ヒット、エンド・ラン、スクイズなどの作戦を、どうやって、相手に見破られないようにしながら遂行《すいこう》するか、ということです。

そのためには、まず味方のサインを盗まれないことですが、もし察知されたときには必ず対応策が必要なのです。

盗塁にしろスクイズにしろ、相手にはずされれば、もう対抗策はありません。潜水艦に狙われた護衛なしの輸送船です。だから動こうとするときは、守備側の対応にいつも以上に神経を使わなければならないのです。

「察知されている」と感じれば、すぐにサインを出し直す必要がある。当時の阪急や近鉄は、こんな攻撃のとき、けん制球を投げて様子をさぐると、即座にサインを出し直した。日本ハムもそうです。取り消す場合もあれば続行もある。サインを出し直して、けん制球の効力を白紙に戻してしまうわけですが、弱いチームはそんなことをしない。チャンスのときも、ピンチの場合と同様に、繊細な神経が必要なことを理解していないのです。

「守備における攻め」とは、相手の作戦を読んで投球をはずすピッチド・アウトとともに、〝待て〟のサインを逆用することです。

ピッチド・アウトは「攻撃における守り」で説明した作戦の裏返しなので、ここで

は〝待て〟の逆用を考えてみます。
〝待て〟というのは、ベンチが打者に対し「打ってはいけない」と指示することです。だから、どんな好球でも見送るしかない。私は少しでも早く〝待て〟を解読しようと努力した。〝待て〟がわかれば、フリーパスでストライクが稼げるからです。もう一つ、効用があります。大事な局面で〝待て〟のサインが出る場合、相手はその次に何か打つ手を考えていることになる。バント、スクイズ……状況によって推理は絞られます。それによって、ピッチド・アウトで対抗することも可能でしょう。
ただし、中途半端な情報を、「守備における攻め」に利用しようとするのは危険です。大ヤケドをする場合があるからです。

たとえば、元阪急の福本豊選手、元近鉄の小川亨《とおる》選手は、第一ストライクを打たないという定評がある。だから、バッテリーは早くカウントを稼ごうとする。これも、「守備における攻め」です。ただし、盲信しない方がいい。彼らは、それでリズムを作っています。だから、時には打ちます。絶対に、第一ストライクは打たない、というのではない。大事な局面では、それを頭に入れておかないと、取り返しのつかない失敗をしてしまう。

日本シリーズのような大試合で、「第一ストライクは打たない」などという情報に出会うと、つい飛びついてしまう。しかし、「守備における攻め」で使う情報は、よく吟味しないとケガをする。打球の方向を割り出すのと、根本的に違います。実際、巨人（五十一年）は、福本選手に、広島（五十四年）は小川選手に、それぞれ痛い一本を喰らっている。ここ一番では、彼らも自分のパターンを思い切って変えるのです。

情報を見る眼、あるいは使い方というのはまったくむずかしい。その魅力に目を奪われて、私もどれくらい失敗したことでしょうか。

監督の采配にもクセがある

巨人のV9時代、川上哲治監督は「石橋を叩いても渡らない」といわれました。走者が出ると必ず、送りバントでON（王貞治・長嶋茂雄）につなぐ手堅さということですが、どの程度のパーセンテージだったかは、わかりません。

ただし、監督の采配にも傾向があることを知る、エピソードであることは確かです。恐らく、川上監督の采配ぶりを追跡調査してゆけば、傾向は出てくるはずです。川上監督についてはともかく、私が南海の監督として対戦した相手については、細かいチェックで采配の傾向を把握するように努めていました。

ロッテを率いて昭和四十九年に日本一となった金田正一氏、阪急を五十年から三年連続日本一にした上田利治氏（現・評論家）、五十四年近鉄を初優勝に導いた西本幸雄監督、この三人について采配の傾向を考えてみます。

金田氏は、実にヒット・エンド・ランの好きな監督だった。無死か一死で一塁に走者が出ると、初球あるいは0―1のカウントでは、ほとんどヒット・エンド・ランだった。ファウルなら、すぐバントに切り替える。同じサインがつづくことは、ほとんどなかったのです。

無死一塁のケースなら、一〇〇パーセントの確率で送りバントに切り替える。一死一塁の場合なら、九〇パーセントが送りバントです。残りの一〇パーセントはヒット・エンド・ランの続行、取り消し、待てが状況によって選択されるわけです。だから、ロッテと対戦するときは、無死か一死で走者を許すと、まずヒット・エンド・ランを警戒する。それを防いだあとは、送りバントに備える。二死一塁なら一〇〇パーセント近い確率で盗塁です。

走者を許した場合、ほとんどこの繰り返しだった。はっきりと出ている采配の傾向と同時に、金田監督の性格も利用しました。私は、選手には相手の監督に対するヤジは禁じていた。しかし、金田監督のときだけは特別に許可していたのです。むしろ、奨励したといった方がいいかもしれません。ヤジられると、冷静さを欠いてしまう。投手交代が早くなるのです。それで、随分ラクをさせてもらいました。

上田氏は地味に見えて、思い切った作戦をとる監督だった。セオリーの裏をかくのが好きでした。

阪急が前半で三、四点リードされているとします。常識的には、塁上や走者をふやして反撃の機会をふくらませる。ところが、こういうときにかえってヒット・エンド・ランを多用した。強引な作戦で、相手のド肝を抜こうとしたものです。

カウント2―0、打者が絶対的に不利な場面でも、ヒット・エンド・ランのサインを出すことがありました。逆に無死一、二塁などのチャンスで打者が下位、どう考えても送りバント以外にないと思われるケースでも、素直にバントはさせません。バントの構えから強打させ、野手の間を抜こうとするバスタード・バントをよく使いました。

こういった逆手の作戦に、見事にしてやられたのが、五十一、二年と日本シリーズで対戦した巨人です。一死一、二塁で二塁走者は投手。普通なら動きにくいケースですが、ヒット・エンド・ランを的中させた。また一死一、三塁で打席に長距離打者の高井選手がいたとき、一塁走者はもちろん三塁走者にもスタートを切らせている。どちらのケースも冒険だが、巨人ベンチが、「投手だから走るまい」「強打者だから細工はするまい」と考えていたスキを、見事に突いてみせたのです。

相手が無警戒なときこそ作戦は成功しやすい。これもセオリー外のセオリーでしょう。なにしろ、シーズン中には高井選手が打席にいた同じ一死一、三塁のケースで、スクイズ・バントをさせたこともあったのです。

西本監督は、阪急の監督に上田氏を推薦して近鉄へ移ったのですが、二人は師弟の仲だけに、采配ぶりもよく似ている。ただし、西本監督は強引さの中にも手堅さがあります。リードしているときは、思い切った作戦を使う半面、リードを許していると手堅く、ペナントレースではこの使い分けが絶妙だった。

セオリーを踏まえた監督の采配も、それぞれの性格で微妙に違ってきます。シーズン・オフになると、スコアブックから一球一球、丹念にチェックするわけです。これは、一年区切りではなく、前年との比較、采配に変化がないかをつき合わせ、二年、三年とつづけて確率を高くしてゆくのです。

本当に苦しいときは動くな

選手の情報を集め、監督の采配の傾向を割り出すのは、すべて「失点をいかに少なくするか」が目的です。しかし、そういった対策が、なんの役にも立たなくなるときがあります。

絶体絶命、あとは選手の力にまかせるしか方法がない。監督は、ベンチで腕組みをして、勝負がつくのを待つ以外にありません。昭和五十四年の日本シリーズ、九回裏に無死満塁のピンチを迎えた元広島・古葉竹識《たけし》監督の場合が、それです。

古葉監督は、無死一、三塁とされたとき、「一点もやりたくない」と、前進守備を指示し、ブルペンの北別府投手らに登板準備を命じた。この回、古葉監督が動いたのは、この二度だけでした。

しかし、登板準備はともかく、前進守備はセオリーからはずれている。ここは、どうしても同点は覚悟しなければならないケースです。あとは、敗戦につながる一塁走者が問題だった。被害を最小限にくいとめるためには、一塁走者を二進させないことが最大のテーマとなります。それなのに前進守備の指令を出し、簡単に二塁を許した。一つ間違えば、この指示が勝敗の分岐点としてクローズアップされるところでした。

もう一つの登板準備は適切な処置です。これを見た江夏豊投手は（現・評論家）は、「信用されていない」と考えたというが、監督には欠かせない準備です。同点で延長戦になれば、十回は二番の衣笠祥雄《きぬがささちお》選手から攻撃が始まる。走者が二人出れば、十一回には九番の江夏投手に手順が回る。チャンスで代打を出したくても、リリーフ準備がなければ不可能です。

江夏投手の「ここまできて……」という心情も理解できるが、突発事故に備えることも含めて、必要な措置なのです。そこまでは動けた古葉監督も、無死二、三塁から満塁策をとったあとは、もう打つ手がありません。何もすることがないのです。

たとえば、二点のリードがあって王選手を打席に迎えたと仮定すると、敬遠して押し出しで一点失っても、次打者以下と勝負することが可能です。まだ、采配を振る余地は残っている。しかし、このケースは江夏―水沼のバッテリーと、七人の野手の力に頼る以外、監督としてはどうしようもないでしょう。

動けない局面ではありましたが、ここで古葉監督のファインプレーが一つあります。ベンチの中で、文字通り「一歩も動かなかった」ことです。他の監督なら、恐らくマウンドへ走ったことでしょう。自分ではなく、コーチをやらせるかもしれません。とにかく、どの監督でも、打つ手はない場面とわかっていても動いたと思う。

私が同じ立場だったとしても、やはり「動かない」とは言い切れません、マウンドへ走る。何を話すのか、何もないのです。せいぜい、「頼むぞ」とか「すべて、まかせたからな」というぐらいの、愚にもつかぬことしかありません。これでは、マウンドまで行く意味がない。かえって、投手や野手をいらだたせるだけです。

絶体絶命のピンチを迎えて、痛切に事態を受けとめているのは、ほかならぬグラウンドの選手たちです。なかでも、リリーフの切り札として登板している江夏投手でしょう。もし、古葉監督がマウンドへ走っていたとしたら、あるいはコーチを走らせていたら、局面はどうなっていたでしょう。江夏投手があれだけの執念を燃えたたせ、すばらしい集中力で近鉄の打者と勝負できたかどうか。

古葉監督は、じっと動かないことで、逆に、「お前しかいない、お前にまかせたんだ」という意思を、明確に打ち出していたわけです。情報も対策も、すべてが役に立たなくなったとき、泰然《たいぜん》としておれるかどうか、それでリーダーの価値が決まるようです。

狙いを明確に●情報の奥にひそむもの

なぜ、南海を選んだか

私が二十七年間かけて収集したデータは、膨大なものになりましたが、その第一歩は薄っぺらなプロ野球のメンバー表だったのです。

戦後、急に盛んになった野球熱は、片田舎の京都府竹野郡網野町に住む小学生の私にも伝わってきた。確か四年生のとき、近所の幼友達とともにボールを手にしたのです。高校（京都・峰山高校）三年の一学期には「卒業したらプロ野球選手の道を選ぼう」と決めていました。父を戦争で失い、経済的にも大学進学ができる状況ではなかった。就職して、少しでも母にラクをさせたいと考えていました。

小学校時代から捕手だった私は、峰山高校でも四番で捕手。かなり自信を持っていた。一般の会社より、努力しだいで高給がもらえる野球界に魅力を感じていました。

しかし、採用してくれる球団のアテがあるわけでなく、テストに応募するしかなかったのです。

そこで、なるべくレギュラーへの道が近いと思われる球団を探した。一日も早くレギュラーになり、高給をとらなくては、プロ野球へ進む意味がない。テストを受ける球団をどこにするかは、重要な問題でした。

当時から、野球といえば巨人でした。私も大ファンで、勝敗に一喜一憂し、一度は「GIANTS」のユニホームを着たいと憧れていました。しかし、現実はそう甘くないのです。私が真っ先にテスト応募球団のリストからはずしたのは、その巨人だったのです。

一年前に、鳴尾高校（兵庫）から、藤尾茂捕手が入団したばかりでした。彼は、実力と人気を兼ね備えた好捕手として、全国に鳴り響いていました。強肩、強打、そして俊足だった。競争して勝つ自信は、まったくなかったのです。いくら大好きな巨人でも、こんな強敵がいたのでは、テストに合格しても仕方がないと考えたのです。

「一度、勝負して、ダメだったら考え直す」などという余裕はありません。まず、巨人をはずし、残り十一球団を細かくチェックしてゆきました。テストを受けるかどうかの基準は、正捕手の年齢でした。当時は、選手寿命が短く、三十二、三歳になると限界とされていた。正捕手が三十歳を越えたベテランなら、新旧交代は早い時期にやってくる。自分にもチャンスがあると計算したのです。

二十代の捕手がマスクをかぶっているチームを、リストから消してゆく。最後に残ったのが南海と広島の二チームだったのです。南海は筒井敬三さん（故人）と松井淳さんが、交代でマスクをかぶっていた。広島は門前真佐人さんでした。控え捕手にも、これという選手は見当たらなかった。

この二球団を見比べたすえ、最終的に南海を選んだのは、自分なりの理由があったのです。

「南海は二軍選手を育てるのがうまい」という定評でした。正捕手がベテランでも、後継者を新人やトレードで補強する体質のチームでは意味がありません。その点、南海はファームの若手を育ててゆこうとする気風のチームだった。現実に、岡本伊三美さん（元近鉄監督）や森下整鎮さんといったファーム育ちが活躍していた。

こうして、自分を託すチームを選びました。入団三年目にファームから抜擢《ばってき》されてレギュラーの座をつかむことができました。確かに、人一倍の努力をしたという自負はあります。しかし、決してそれだけではなかったと思う。慎重に検討して南海を選んだことも、一因だったに違いありません。

方法論を身につける

昭和五十四年のシーズン・オフ、巨人で起きた〝ダウンスイング論争〟を見ていて、因縁の不思議さを感じたものです。私が南海を選んだのは調査、情報収集、分析の結果だった。そのとき、真っ先に除外した巨人で、私の方法論とは、まったく逆の論議が行われていました。

〝ダウンスイング論争〟は、巨人がそのシーズン、阪神・小林繁投手（現・評論家）に八連敗、中日・三沢淳投手に六連敗と、下手投げ投手に苦しめられたことが発端でした。

「ダウンスイングは、低めの変化球を打つのに適していない。下手投げ投手の攻略はレベルスイングだ」

こういった話が、大まじめで語られていた。ダウンスイングはV9当時の巨人で、強さの根源のように評価された打法です。中国の江青女史ら四人組ではないが、あれから十年もたたないうちに、まったく逆の評価になるとは意外でした。

ダウンスイングが「打ちおろす」というだけの意味なら低めは打ちにくい。といって、レベルスイングが「水平に振る」ことなら高めの速球は打てない。しかし、そんなことはないのです。「打つ」ということは、構えたバットのヘッドが最短距離を走ってボールをとらえることです。

始動からインパクトまでの距離が短いほど、スイングは速くなる。パワーは分散せず、ミートの確実性も増すわけです。これはどんな高さのボールを打つときでも同じです。

スイングは高めを打つとき、低めを打つとき、ベルトあたりの高さを打つときと、高低によって三種類ありますが、バットのヘッドを最短距離で走らせることに変わりありません。バッティングの方法論は一つしかないのです。

巨人が下手投げ投手に手こずった、だからバッティングの方法論を変える。この論法を、私が南海を選んだときに置き換えると、こうなります。捕手として入団するには適当な球団がない、それならポジションを変えて探してみよう。それがナンセンスなのは、一目瞭然です。巨人の論争は、それと同じことだと思います。

まず必要なのは、小林投手や三沢投手の投球内容のデータ収集と分析、そして検討です。とくに、低めの投球については、克明なチェックがいる。球種、高低、内外角、ストライクかボールか、ボールを打っていないか、選球眼はどうか。外角球が多いようなら、逆らわずに打ち返すようにしなければならないし、低めのボールなら、それは捨てる。スイングの問題より、まず投球内容の分析です。

投手を攻略するためには、いろいろな工夫が必要です。私は四つの基本型を持っています。

①球種を知る
②コンビネーションの傾向を出す
③クセを見る
④性格を読む

この四つが三十一項目に細分化され、一球ごとにそれぞれ狙いをつける。しかし、ストライクだけを打つ、という根本原則を忘れては、投手攻略などできません。

ホームラン打者のベーブ・ルースは、最初、投手だった。カーブを投げるとき、舌を出すクセがあったといいます。それで、狙い打ちされたのです。投手の投げる球種がわかれば、打者はラクです。だから、好打者ほど投球の傾向をさぐり、クセを知ろうと努力します。しかし、ストライク以外は、バットを振ってはいけません。ストライクゾーンに入ってこないボールは、もともとヒットになる確率が低いし、打つ練習もしていない。第一、打ち方を教えるコーチもいないのです。

狙っていたボールがきた、ストライクゾーンからはずれた、それでもバットはとまらなかった、というのではすべてが水のアワです。選球眼はバッティングの基本です。巨人がそこまで考えて、スイング論争をしたかどうかはわかりません。わからないから、なんとなく、下手投げ攻略法のピントがズレていたのではないか、という気がするのです。

狙い球を投げさせる

狙い球を絞っても、ボールを振っては意味がないと書きました。打者の醍醐味《だいごみ》は、狙いをつけ、しかもストライクを投げさせることです。忘れられない思い出になっている、一つの例をあげましょう。

私は十一本のサヨナラ・ホームランを打ち、これがプロ野球最多記録です。そのうちの八本目、昭和四十三年に、元阪急の米田哲也投手（現・評論家）から打った一本がそれでした。

同点で迎えた南海の攻撃は、九回裏二死走者なし。カウント0－3。歩かされそうなムードでした。私の方は、一発が欲しいケースなので、なんとかストレートをストライク・ゾーンに投げさせたい。相手も警戒して、簡単には投げてこないが、捕手の心理を逆手にとれば、「あるいは……」と考えたのです。

岡村浩二捕手は、本格的にマスクをかぶりだして二年目だった。スピードの変化をうまく使うタイプで、よく考えたリードをしていました。これは、捕手としてガッツがあり、冒険心も持っているということです。打者の心理を読み、裏をかこうとする姿勢があります。その割に、まだ経験は浅く、捕手の本当の怖さを身にしみて感じていない時期です。

そういった、岡村捕手の持ち味を利用しようと考えた。投手が、安心してストライクを投げやすいムードを作ることです。それには「待て」のサインが出たように思わせるのがいい。

0―3になって、岡村捕手は、私がサインを受けとるようすを、観察していた。そのあとで、米田投手と投球の打ち合わせをするつもりなのです。この状況なら、四番打者は常識的に好球必打です。もちろん、どんな種類のサインも出ていません。しかし、私はコーチの手の動きがとまったとたん、「チェッ」と小さく舌打ちして、バットでベースをポンと叩いた。

「チェッ」とポンで、せっかく一発を狙おうとしたのに、ブレーキをかけられた（待てのサインが出た）というようすを、さりげなく見せたのです。ただし、問題はこのあとです。終始、打ち気なしのようすでは、三味線をひいていると勘ぐられてしまう。苦心の演技をしたのです。わざとらしく見えないように二度、三度、素振りをした。「チェッ」という舌打ちが何を意味しているのか、岡村捕手に考えさせたわけです。

こうしながら、私は捕手としての経験から、岡村捕手が恐らく七〇～八〇パーセントの確率で「素振りはゼスチュア」の方に乗ってくれると考えていました。岡村捕手の側に立つと、こうです。ホームランを警戒した場面で0－3になった。冒険は禁物だが、むざむざ歩かせる手もない。「待て」のサインが出ているなら（私の二つのゼスチュアのうち、自分に都合のいい方を選択している）、ストレートでストライクが取れる。それで1－3とすることができれば、そのあと変化球を使って凡打させられる可能性も出てきます。

岡村捕手が考えてリードするタイプだから、こちらも考えた手を使ったのです。彼もまた、「騙《だま》したやつを騙すのは、二重の快感だ」というのがわかる捕手だったからです。

彼は、いろいろ考えた末、「待て」のサインが出たと判断したのです。恐らく、絶好球を見送らされて悔しがる野村の顔も見えていたと思う。

「あーあ、ホームランボールですよ。打ってりゃよかったのに、惜しかったねえ」

これがいえるときの楽しさは、まさに捕手冥利《みょうり》につきます。それだけが目的でストライクを投げさせたわけではないが、ついつい、自分に有利な情報を選んでしまった。しかし、情報選択が間違いのもとではありません。

問題は、この場面が情報など無関係の状況だということです。0―3になれば、勝負は避けるべきでしょう。となると、情報などいらない。〝無策〟が最善、というケースもあるのです。

捕手二人制のプラスとマイナス

岡村捕手の失敗を考えると、「捕手は、監督の分身である」という私の持論が、納得してもらえるでしょう。野球は、得点の多さを争う競技ですが、同時に、また、失点を少なくしなければ勝てない。捕手の仕事は、相手の得点をいかに少なく抑えながら、アウト数をふやすか、なのです。

一イニングのアウトは三つ、原則的にはそれが九度繰り返される。打者二十七人でパーフェクトだから、最低三度、同じ打者と対戦する。投手がその勝負に勝つように、助けていかなければならない。そのために、相手の監督の作戦をさぐり、打者の長所、欠点を知り、味方投手の特徴をよくつかんでおく。それらをかみ合わせながら、状況に応じて打者、走者、相手の監督と勝負してゆく。

打者一人をアウトにするといっても、見ているほど簡単ではありません。一球一球の投球が意味を持ち、各打席につながり、さらに先の試合にも及んでゆく。捕手は、関連性を忘れてはつとまらないのです。「記憶力の勝負」というのは、そういったことでもあります。その意味でも、捕手は不動であることが望ましい。よく、バッテリーをそっくり入れ替えることがあります。試合の流れを新しいものにしようという狙いだし、捕手だけの交代は、打者への攻め方を一新させる目的です。しかし、やたらにやるのは考えものです。

たとえば、現場の指揮官を午前と午後で替えるようなもので、危機管理の方法としては疑問です。現に、昭和五十四年の日本シリーズで、近鉄は梨田昌孝（現・日本ハム監督）、有田修三の両捕手を併用したため、元広島の一番打者、高橋慶彦（現・千葉ロッテ打撃コーチ）選手への対策を間違った。

梨田捕手はオーソドックス派、有田捕手は強気派と、リードの持ち味が違う。そのために併用したのだと思うのですが、結果的には失敗だった。二人を併用したため、シリーズを一つの流れとしてとらえることができなくなり、高橋選手への適切な対策がたてられなかった。彼は、最優秀選手に選ばれました。打線の牽引車《けんいん》として十二分に働いたわけです。しかし、この栄光の陰に、近鉄に一番打者を抑えるという防御の基本ができていなかった点も見るべきでしょう。

近鉄バッテリーは、七試合とも、高橋選手の内角へ（左打席のとき）必要以上に変化球を使っていた。これがおかしいのです。当時、彼は左打ちをマスターして二年目のスイッチヒッターです。一般的な傾向として、マスターした当初は左右を問わず内角速球がニガ手です。だから、内角を攻めるときは速球を使うのがセオリーです。

ところが、第一戦（井本隆投手）では、変化球を投げて打たれた。普通は、この失敗を参考に第二戦の攻め方を研究するものですが、二人の捕手が交互にマスクをかぶったため、不完全だったようです。第一戦では、梨田捕手で内角の変化球を打たれ、第二戦は有田捕手にバトンタッチ。この試合は、近鉄が左腕の鈴木啓示投手だったため、高橋選手は右打席に入り、第一戦はたいして参考にならない。しかし、第三戦でもう一度、梨田捕手がマスクをかぶり、高橋選手は左打席で打っているのに、第一戦の失敗を繰り返している。第四戦以後、有田、梨田両捕手が交代ですわり、最後まで攻め方は工夫されなかった。

一試合ごとにマスクをかぶったため、関連性が乏しくなり、実際に対戦した印象が薄れてしまったのでしょう。それにしても普通なら一試合対戦すれば、ある程度、打者の長所、欠点は見抜けるものです。初めての日本シリーズ出場で、最後まで緊張感がとれなかったのか、二人制で責任感まで分担してしまったのか、チグハグでした。ナポレオンは「二人の良将より、一人の愚将に指揮させる方がましだ」と、複数性を嫌っていますが、野球の場合も平均点の捕手を併用しても、決してプラスになりません。しかし、防ぐ方法はあるのです。

「事務の引き継ぎ」です。最初にマスクをかぶった捕手が引っ込めば、投手の状態、相手打線のマークする打者（最低でも数人）について打たれた球種、凡打させた球種、調子のよしあしは、次の捕手に引き継がなければなりません。一試合ごとでも同じことで、明確なバトンタッチがいる。それを怠った守りが、正しく機能しないのは当然でしょう。

スパイ戦術の効用

セ・リーグには「スパイ行為はやらない」という申し合わせがあります。そもそもの発端は、広島球場で試合をすると広島の各打者に狙い打ちされてしまう、どうもおかしい、サインを盗まれているのではないか、そんな声が各球団から出たためです。

スポーツ新聞は、この問題を大きく取り上げ、広島球場が伏魔殿《ふくまでん》のように書いていましたが、私は、ますます広島が有利になるぞ、と考えたものです。広島がスパイ行為をしているかどうかはともかく、相手が疑心暗鬼になってくれるだけで、地元の利は計り知れないほど大きなものになるからです。私は意識して、その種の噂を流したものですが、広島の場合は相手が積極的に流してくれる。思うツボです。

サイン盗みを最初にやったのは、Ｖ９時代の巨人だった。「広島がおかしい」という話が出たときは、ブレイザー・コーチが新しく移った年で、古葉監督も元南海コーチだから可能性十分という論調で、なんだか私がスパイの本家のようでした。しかし、元祖は巨人で、こっそりやっていたのです。逆に噂をふりまいたのは、私が南海の監督をしていたときです。

元阪急、日本ハム監督の上田利治氏も以前に、巨人との日本シリーズで、後楽園球場の中堅スタンドに双眼鏡を持ったスコアラーを座らせ、巨人の神経をイラだたせました。目立つように配置するのがミソで、「巨人のサインはすべてわかっている」と発言する。ところが、狙いは、もっと別のところにあるのです。巨人はその手に乗って、サインを盗まれないようにと不慣れな乱数表を使用した。これではリズムが狂い、集中力も鈍ってしまいます。

当時の南海も、大阪球場でサインを盗んでいるといわれました。事実、その通りです。ところが、数年たつと、対策も進んでくる。バッテリーのサインは何度も変更されます。一度でもタイミングが合ったバッティングをすると、次の投球から即座に変更です。こんな状態では、解読などできない。それでも、実際につづけました。というより、やっているフリをした。

成果はゼロみたいなものです。そこで、南海がサイン盗みをしていることを、積極的に外部に流した。選手にも「よそから聞かれれば『やってるよ』と答えるよう」指示していました。

南海の〝猛烈〟なスパイぶりをPRしたわけです。サインを盗まれているというのは、相手にとって大変な負担です。グラウンドとは別に、もう一つ見えない敵と勝負しなければならない。バッテリーは、打者との勝負に集中できません。失投も生まれるわけです。さらに、サインを盗まれては困るという意識は、いろいろな波及効果も生みます。

たとえば、クセです。無意識に出ている人は論外ですが、意識して抑えている人も「サイン盗みを防止しなければ」という別の意識が働くことで、クセを意識する部分が少なくなる。コーチが出すサインも、盗まれることを警戒してぎくしゃくしてくる。サインの見落とし、見間違いが起きる可能性も出てくるわけです。防止に神経を使うことによる負担は、大変なものです。サインを複雑にして自滅してくれることもあります。

「大阪球場は油断できない」という心理的な圧迫の中でも、一番効果をあげたのは、バッテリーのサイン間違いだったのです。使いなれていないサインを使用するので間違いがふえる。それにリズムも狂う。暴投や捕逸が多くなってくる。労せず走者を進め、貴重な得点を拾ったことも、たびたびありました。

「あのチームは何もやっていない」と安心させてしまうのと、「何かをやられている」と緊張させるのとでは、そのプラス・マイナスは計り知れないものがあります。そういう点で、セの球団は、自縄自《じじょうじ》縛《ばく》になっているようです。

なくて七クセ●事前に敵を知る

テッド・ウィリアムスの教訓

「相手の打つ手は、事前にキャッチできるはずだし、その努力をしなければならない」――当たり前といえばそれまでだが、この平凡な規則を教えてくれたのは、大リーグ最後の四割打者といわれたテッド・ウィリアムスでした。彼は、兵役のため五年間のブランクがありながら、なおかつ二十二年間も大リーガーでありつづけ、三冠王にさえなったのです。スタン・ミュージャルのライバルとして、大リーグで最初にシフトを敷かれた打者でもあります。

そのテッド・ウィリアムスが「私の打撃論」を書き、日本でも翻訳されました。たんなる打撃論ではありません。野球に対する心構え、野球を見る眼など、豊富な経験をもとに彼の人生に対する取り組み方までが書かれていました。私が野球を考えるうえで、第一の参考書になりました。

野球という「仕事をする眼」を超えて「ものを見る眼」を教えてくれたのです。この本の中で、とくに二つのことが印象に残っています。

第一点はこうです。

「投手は、捕手とサインを交換した上で投げる。だから、投球動作に入るときは球種が決まっている。ストレートかカーブか、投げるとき必ずどこかにクセが出ているはずだ」

第二点は、こうです。

「野球を見る鉄則は、投手から目を離すなということである。そうすれば、野球に対して深く入ってゆくことができる」

これを読んだ翌日、さっそく試合で試しました。当時は、投手のクセなどやかましくいわない時代で、投球動作は無防備に近かった。それまで関心がなかったので気づかなかったが、注意して見ると彼の書いているとおりなのです。次々と新しい発見ができて、試合が待ち遠しくなる。新しい投手が出てくるたびに、何かクセがないか眼を皿のようにしました。いつの間にか、投手のクセを発見する方法がシステム化され、現在では大きく十項目に分けたチェック・ポイントを、次々に当てはめていくやり方を採用しています。

クセを見つけ出すことに興味を持った私が、一番苦労したのは、西鉄の稲尾和久投手だった。投手のクセなど大して重視されていない時期に、どの球種を投げるときも、ほとんど変わらないフォームでした。

何十回、何百回と注視しても、クセは発見できない。窮余の一策として、友人にネット裏から稲尾投手のピッチングを8ミリカメラで撮影してもらったのです。このフィルムを、また何十回となく見直しました。

そして、ついに見つけたのです。ワインドアップで、頭の上にボールがきたとき、わずかながら白い部分が見える。その大きさが、球種（握り方）によって微妙に違うのです。打席でも確かめました。

違いは、わかる。それを知ってからは、苦しめられた稲尾投手を打ち込めるようになったのです。

ただし、この話には後日談があります。あまりにうれしくて、同僚に、つい打ち明けた。それが、稲尾投手に伝わってしまったのです。

オールスター・ゲームのときでした。稲尾投手と私と同僚の彼と、三人で雑談中、彼が「サイちゃん、ノムはよう研究しているわ。クセをみんな知ってるよ」とポロリともらしてしまった。

「アッ」と思ったときは遅かった。稲尾投手は、この何気ない一言ですべてを理解してしまった。後半戦になって顔を合わせてみると、あのクセは完全に消えていました。テッド・ウィリアムスの教訓は、もう一つの教訓を教えてくれたのです。極秘事項は、どんな親しい友人にも、喋ってはいけない。自分の口から出たことは、必ずもれる——ということです。

クセは、いつ出るか

稲尾投手が、友人の不用意な一言で自分の欠点（クセ）に気がついた。次の対戦では、完全に修正していた。このようなクセは意識して抑えることができます。

しかし、どんなに抑えても、クセが出る場合があります。緊張したり、興奮すると、「抑えている」という意識が薄れます。そういうときに、つけ込まれたりする。ワインドアップで投げているときはいいが、走者が出てセットポジションで投げるとよく打たれる場合がある。こんな投手は再チェックの必要があります。セット投法では球威が落ちるのはともかく、そういうときについ、クセが出ていることがあるからです。

巨人の某投手など、このケースに当てはまる。走者を出したとき、捕手のサインに首を振ると、必ずシュートを投げた。また、別の投手はセットポジションからフォークボールを投げるときは、一瞬、視線がグラブに落ちる。

近鉄の元エースは、若い頃、はっきりしたクセがあって球種を読まれた。〝一発病〟といって、よくホームランを打たれたのは、真っ向から勝負するタイプであると同時に、打者からも読まれていたのです。西本監督が阪急から移ってノー・ワインドアップ投法に変え、ほとんど修正してしまいました。

こういうふうに、ごく些細《ささい》なことで球種を読まれてしまう。それだけではありません。投球の傾向なども、入念にチェックしたものです。私が南海の監督のときは、スコアラーにどんな情報を収集するか、いろいろ注文を出しました。

たとえば、サインに首を振ったあとの球種（走者の有無）、大ファウルの直後に投げられる球種、逆にタイミングを狂わせたあとの球種、「その次」というのは、意外に傾向が出易いのです。

データを入念にチェックしてゆくと、捕手によっては二球目、三球目は必ず同じ球種を同じコースへ要求していたり、内角へ一球投げさせると、必ず次の二球は外角、というパターンもある。これらは、クセというより、性格が出ているといった方がいいでしょう。とにかく、捕手によって、驚くほどいろんな傾向があります。それらは、情報によってある程度、裸にしてゆくことができるのです。

こういった情報収集を指示することも、監督の采配です。それぞれの監督によって、方法論が違ってくるわけです。

私も、捕手として長くやっていただけに、いつも細心の注意を払っていなければ、コンビネーションが画一的になってしまう。打者を攻めるパターンが固定したり、特定の投手によって投球の組み立てがマンネリ化していると、必ず誰かに見破られました。だから、私は自分の傾向を作らないよう、神経質なほど注意を払いました。試合後、必ずといっていいほど、スコアラーのスコアブックを点検したものです。特定のパターンができていないかチェックするのだが、自分では気がつかないうちに偏向したリードになっているときがあって、スコアブックを見ながら、ヒヤ汗をかくこともありました。

クセは、知らないうちに出てしまう。気がついているクセでも、正常なときは抑えているのに、緊張、動揺、興奮などの感情の激しい起伏のために、つい忘れてしまうのです。これは、何も投手や捕手だけに限りません。打者にも走者にも、それと守っている野手にもクセはあります。

盗塁やヒット・エンド・ランでスタートを切ろうとする走者にもクセがあります。打者が狙いダマを待つときも、それぞれ違います。外国人選手は前の打席で凡退させ

られた球種を待つケースが多いし、ヒットを打ったのと逆の球種を待つ打者もいます。それぞれが、いろいろ駆け引きをしているようでいて、孫悟空が菩薩《ぼさつ》の手のヒラの上を飛び回っていたように、各打者とも自分のワクの中から抜け出せないのです。

私がなぜ、しつこいほど、こういった情報に興味を示したかというと、不器用な打者だったからです。器用な人は、そんなことをしなくても打てます。しかし、私が人並み以上の成績を残そうとしたとき、この情報はおおいに役立ったのです。投球がわからないより、前もってわかった方が打ち易い。その「打者の眼」が、さらに「捕手の眼」へと変わって打者を見るようになり、さらに監督としても活かすことができたのです。

サインを盗む

監督が、自分で気づかないうちにスクイズのサインを出し、それが見破られて失敗した――。小説でも、こうはうまくいかないだろうという話が、実際にありました。私が、マスクをかぶっていたときの経験です。終盤、一死三塁のピンチ、「何かが起こりそうだ」という予感からピッチド・アウトすると、スクイズのサインが出ていて、打者は空振り、三塁走者は挟殺《きょうさつ》ということになった。

試合後、相手の監督はこの場面について質問され、「スクイズのサインなんて、いつ出したのか知らなかった」と答えたそうです。そこで、「出した本人が知らないのに、どういうふうに見破ったのか」と質問攻めを受け、返事に困ったものです。

相手チームのサイン伝達は、ベンチに座っている監督から一塁ベースコーチを中継して行われていた。このときは、監督が無意識に「スクイズ」のサインを出し、それが中継され、「GO」となったということです。

この話が、どこまで本当かはわかりません。恐らく、見事な失敗だったので「知らなかった」と、とぼけたのでしょう。

ですから、私の自慢話というのではなく、サインの実態について書きたかったのです。監督から発信されたサインは、コーチを経て選手に受信される。その間にさまざまな反応が生まれます。だから、盗むチャンスが出てくるのです。コーチスボックスのコーチから選手に送られるサインは、一般に考えられるほど複雑ではありません。バント（左肩）、盗塁（帽子のツバ）などと決めておき、キーのあとに触った個所がサインとなる「フラッシュ」、打順を何組かに分けてキーを変える「ブロック」など、サインは四種類くらいの方法しかない。あまり複雑だと、送り手も受け手も混乱する恐れがあるので、どの球団も見易くて見破られないものを工夫しています。

しかし、いくら見易いといっても、見落とし、見間違いは起こります。打者がスクイズ・バントをしているのに、走者はベースにいる——というケースなどがあります。それほどはっきり、スタンドのファンからわからなくても、ミスが出ている場合がある。だから、大事な局面になればなるほど、サインの発信は慎重になってしまいます。「しっかり見てもらいたい」という意識が働いて、サインを出す一連の動作のなかで、大事な部分での手の動きがゆっくり、丁寧になったりする。リズムが微妙に変わったり、打者の注目度を気にしたりするのです。

よく、「何かやろうとしているムードがある」などといいますが、それはこんな変化のことです。私がピッチド・アウトしたのも、「何かが起こりそうなムード」があったので、ようすをさぐったのです。発信人が変化するのと同じように、サインを受けとった打者や走者にも変化が生まれる。緊張して動作がぎこちなくなったり、ケースによってバットの滑りを止める打者もいる。盗塁やヒット・エンド・ランのサインが出ると、急にリードが小さくなる走者もいる。

もちろん、ベンチにはサイン解読係を置いている。二人一組になって相手の監督、中継するコーチなどを注目しています。私は、「取り消しのサイン」を使うことで相手に解読されるのを防ぎ、逆に「ニセのサイン」をつかませることを考えていました。強いチームほど「取り消し」「終了」「待て」を重視しています。

「待て」は、監督が打ってほしくないと考えるカウントやケースで出されるので、使用する回数も多いのです。それだけ、見破られる危険も高くなる。『情報を見抜く眼』でも書きましたが、相手がサイン解読で第一に狙ってくるのが「待て」なのです。そこで各球団とも見破られないように神経を使う。弱いチームほど「待て」のサインは簡単ですし、無造作に出しています。だから解読されやすい。ますます相手に有利な材料を与えてしまっているのです。

あぶさんの聴牌タバコ

少し、別の角度から「クセ」を考えてみたい。麻雀をやると、人それぞれ性格がわかるといいますが、「クセ」もまた、それぞれなのです。

「ドカベン」「あぶさん」など、野球ものの人気漫画家、水島新司さんとはシーズン・オフに何度か卓を囲む、楽しい麻雀仲間です。水島さんほど、愉快な麻雀も珍しい。天真爛漫でズルさがなく、「クセ」もまた、あけっぴろげです。

大変なヘビースモーカーで、タバコにはいつも火がついている。このタバコで、すぐ水島さんの聴牌《テンパイ》がわかってしまいます。普通のときは、火がついたまま灰皿の上に置きっぱなしです。ところが突然ヒョイと取り上げてスパスパやり出す。これが、危険信号です。聴牌か一向聴《イーシャンテン》ぐらいまで近づいている。

「先生、聴牌でしょ」

「ウン、エッ？　イヤ、まあ……」

「とぼけても、あきまへん。顔に書いてありますで」

「カマかけたってダメだよ、ノムさん。わしゃ、知りません」

ブツブツいいながら、タバコを置いて顔をごしごしやる、という具合で、いつの間にかツモ切りです。ところが、もっと危険なときがある。灰皿のタバコを無視して、新しいのをくわえて火をつけるときです。こういうときは、門前清一《メンゼンチンイツ》か、役満貫の聴牌近しです。

「大きい手やねえ、先生」

「エーッ？　そうかあ」

なんとか知らん顔をしようとするが、そのうちツモに力が入り出す。こうなっては、君子危うきに近寄らず、早あがりを狙うか、安全牌を切ってひたすら流局を願うしかありません。

野球界の仲間では、昔よくやった金田正一氏にも楽しいクセがありました。グラウンドそのままに陽気で気ぜわしく、「じらし戦法」には、すぐイライラしてしまうし、簡単な暗示に引っかかる。

切り牌が少しでも遅れたりすると、「早ういかんかい」とせかせてくる。こういうときは、まだ聴牌遠しで安心です。

ところが、聴牌すると、少しぐらい切り牌が遅くなっても悠然としている。何ひとつ文句をいわずに、待っているんです。せっかちが落ちつき払うと、危険信号ということになります。

「こんな牌、なんで出んのや！　わしゃ、ずっと闇で待っとるのに……。どうや、ええ聴牌やろが」

いくらボヤいても、出るわけがない。悠然と構え出したのを見て、あとの三人は慎重に切り牌を考えるのです。

同じ投手でも、江夏豊はピッチング同様にキメが細かい。南海での二年間、何度か卓を囲んだが、駆け引きも粘着力も集中力もピッチングそのままです。黙ったまま、終始ペースは変わらない。牌の読みも相当なもので、とくに七対子《チートイツ》の単騎待ちなどをやらせると、「なるほど」と思わせる見事さです。

捨て牌にだまされて、とんでもない目にあうことがある。

ちょうど昭和五十四年の日本シリーズ第七戦の九回裏無死満塁で、近鉄の佐々木恭介選手に対し、内角低めのストレートを見せダマに、同じ球道から沈むカーブで三振にとった伝説の「江夏の21球」ような手筋です。

「プロセス」を重視せよ

いろいろな「クセ」について考えてきました。少し注意すれば抑えられるものもあるし、かなり意識しなければならないものもある。しかし、『テッド・ウィリアムスの教訓』で例にあげた稲尾投手のように、基本に忠実な投球術をマスターしていれば、「クセ」はほとんど目立たなくなります。

私は、平均して七〇~八〇パーセントの確率で、投手の球種を予測できます。ところが、昭和五十四年十一月に来日した大リーグ・オールスターチームの試合を観戦すると、投手のクセはほとんど見当たらなかったのです。

彼らは、速いストレートを投げようとか、より大きく変化させようという意識を完全に捨てています。だから、球種によって投球フォームが変わる心配はないのです。いつも一定のフォームを保ち、ボールを離す瞬間に変化を与えている。

これに対して日本の投手は、あまりにも「速いボールを投げよう」「大きく変化させよう」という意識が強すぎます。そのために、球種によってフォームが変わってしまうのです。

たとえば、カーブを投げるとします。大きな変化を与えようとして、手首やヒジの曲がりが極端に大きくなり、ストレートの投げ方と違いができる。そのため、早い時点で打者に悟られます。

メジャーでは、ストレートのことを「ファースト・ボール」と呼んでいます。「ファースト」には、FIRST（第一の、主要な）とFAST（速い）と二つあります。「ファースト・ボール」は、その両方の要素を兼ね備えているようです。

とにかく、ストレート（まっすぐ）なボールは、棒ダマとして嫌われる。浮き上がったり、シュートしたり、スライドしたり、微妙な変化がついていなければ狙い打ちされるからです。

大リーグの投手は、まず、バックスピンのかかった正しい回転のボールを投げる練習から始めます。

それをマスターすると、次はボールを離す瞬間、指先で微妙な変化を与える。五十五年のキャンプで、ヤクルトがパドレスのコーチから「テーリング・ファースト・ボール」を伝授された話がスポーツ紙に出ていました。これは、ボールを離す瞬間に小さな変化を与え、スライドさせたり、沈ませたりするわけで、日本流にいうとストレートの変種なのです。

「ファースト・ボール」を完成させたあと、カーブとかナックル、フォークといった、それぞれが武器とする変化球に取り組みます。だから、すべての変化球について「ファースト・ボール」と同様、ボールを離す瞬間に変化を与える意識が徹底しているわけです。

この正しい投球術は、投球フォームに「クセ」が出にくいと同時に、もう一つ利点があります。変化球を投げるときも、ストレート系を投げるのと同じ位置までボールを持っているため、その分だけ変化する時間が遅くなり、打者の判断も遅れて打ちにくくなる。

打者は、投手のクセを見破って打つのと同時に、投手が投げる一瞬、無意識にストレート系かカーブ系かを判断してタイミングを取ります。

王貞治氏は、ストレート系にタイミングを合わせながら、変化球にもついてゆくタイプでしたが、それでも、一瞬の判断は下しています。しかし、大リーグの投手のように、ボールを離す瞬間に変化を与える投球術をされると、どうしても判断が遅れます。しかも、変化球は打者の手元近くへきて変化するため、球道による判断も遅れてしまうのです。

現在の日本の投手で、大リーガーのような正しい投球術をマスターできているのは、ほんのひと握りです。

ほとんどの投手は、ストレート系と変化球では、投球フォームもボールを離す位置も微妙に違っています。

メジャーでは、早くから「クセ」の研究が行われていました。その対応策として、正しい投球術をマスターしなければ、大リーガーとして生存できないのです。それに、メジャーがタイミングの変化と低めへの投球を重視しているのに対し、日本では両サイドのコントロール、大きな変化を意識しすぎています。投球術が違っているわけです。

だから、投球フォームが球種によって変わったり、ボールの離れる位置が違ってきます。

日本の投手も、球威や変化に頼らず、タイミングを重視する投球術へ意識改革しなければ、いつまでたっても、クセを盗まれたり、球種を読まれるハンディを克服できないでしょう。

要約すると、日本の投手は「結果」を意識しすぎているのです。そのため余分なところに力が入ってギクシャクする。メジャーの選手は「プロセス」を意識しているのです。「どうなるか」ではなく「どうやるか」を動作の軸においているのです。

重要なのは、結果の裏に何があるか――プロセスです。過程に奮迅することが成功への近道であることを示しているのです。

第三章
「守り」とは何か

信頼をかちとる●職場を離れても……

捕手は監督の分身

野球は、確かに得点を競うゲームですが、それは野球の一面しか伝えていない。この原則の裏側に「いかに失点を防ぐか」を工夫するという問題があります。相手チームの得点を0点に抑えれば、絶対に負けないという単純な原理です。だから「どうすれば、点を与えないですむか」という観点を作戦面の中心にすえるべきなのです。

監督がもっとも苦心するのは、その点です。先発投手を決め、先発投手が崩れたときに出す二番手、三番手の継投、ピンチに遭遇したときに送るリリーフ投手を準備する。守備陣型にも工夫をこらさなければならない。失点を最小限に防げる効率の高い守りを考え、各ポジションの選手を決定します。相手打者の長所、欠点を克明にチェックし、打球の飛ぶ方向を集計、分析してシフトを考えなければなりません。相手の監督の采配の傾向を検討するのも「失点を最小に防ぐ」対策の一つです。

昔から、野球といえば〝攻撃〟というイメージが強かった。「ダイナマイト打線」

（阪神タイガース）、「四〇〇フィート打線」（南海ホークス）、「ミサイル打線」（大毎オリオンズ）など、いろんな代名詞がつけられてきた。ところが実際は、攻撃にさくデータより守りに使われるデータの方が、量は多いし質も高い。本来「野球は守り」なのです。

　ところが、監督がこれだけ重視している「守り」について、たとえ細かい準備を整えていても、いざプレーボールとなると、状況に応じた具体策は、捕手にまかせるしかないのです。本当にヤマ場を迎えたとき、ベンチから、直接、投手の球種を指示したり、ヒット・エンド・ランやスクイズ、バントに対抗するためウエスト・ボールの指示を出すことはあります。

　しかし、これとて靴の上からかゆいところを掻《か》いているような、まだるっこさが残ります。サインを受けとっている打者の息づかいや体の硬さ、投手の微妙なコントロール、ボールのキレなどはわからないのです。

　このほか、無死三塁とか無死一、三塁のようなピンチで、守備陣型を指示するのも監督です。点差、回数などによって、一点を与えてもアウトカウントをふやすなどは、絶対に一点もやれないという基本的な作戦です。その陣型における微妙な守備位置は捕手がチェックしなければいけません。

前進守備にするか中間守備をとるか、というような陣型そのものは監督の意向だが、それ以外のケースでは、捕手が各打者に対するシフトに注意を払うことで、守りの精密度を高めてゆくのです。たとえば、打球が右方向へ飛ぶ確率の高い打者を迎えても、そのデータだけで野手を右寄りに守らせるのは危険です。打者との勝負は、あくまでも投手との相関関係です。球威、コントロールによってコンビネーションが変わる。それに、点差、状況なども加味した上で、もっとも効率のよい守備位置へ野手をシフトする。

相手のオーダーをにらみ、代打陣を考慮に入れながら、少しぐらい無理をしても勝負するのか、あるいは避けて通るのかも考える必要があります。

打者や走者の小さな動きから、相手の作戦に対処しなければなりません。投手交代に、捕手の意見を参考にする監督も多い。投手が打ち込まれたとき、自分のリードを弁解することは絶対に禁物だし、必要以上にかばうのもよくない。投手の状態を冷静に分析し、正しい判断が下せる材料を提供するのが仕事です。

何度も言うように、捕手は「守りにおける監督の分身」でなければならないのです。一人前の捕手になるには五年から十年かかるといわれるのも、そのためでしょう。私は冷静さ、視野の広さ、細かい配慮が要求されると同時に、勝負勘が必要です。

「勝負の三力《さんりょく》」と呼んでいる。「記憶力、推理力、判断力」の三つの力を駆使して投手を助け、失点を防ぐことに全力をつくすのです。

そして、最後に旺盛なチーム愛と責任感を持ち、理想を求める人間であることを心がけるべきです。勝ったからいい、負けても自分が打てたからいい、では捕手として失格です。打たれた、負けた、それを悔しがれないようでは、いい捕手にはなれない。捕手に勉強のしすぎはないのです。

〝一球〟には根拠がいる

捕手の立場から、投手に口を酸っぱくいいつづけていることがあります。

「自分の投げるボールに、明確な意思を伝えろ」ということです。これを相手にいう以上は、捕手の私が要求している「一球に根拠」がなければならない。それを説明しよう。
①回数　②得点差　③アウトカウント　④打順（代打順を含む）　⑤ボールカウントの五点のほかに、打席に入っている打者のタイプを考えなければならない。
a　長所・欠点
b　ヤマを張るか、コースを狙うか

c　高め打ちか、低め打ちか
d　引っ張るのか、流し打ちか
e　早打ちするのか、勝負が遅い方か
f　足は速いか、遅いか
g　バントヒットを狙ってくるか
h　好調か、不調か
i　性格は

試合の全体を考える五項目以外に、打席に迎えた打者については少なくともこの九点を検討しなければ、プロの一流捕手とはいえません。

これらを根拠にして、捕手は「一球」を要求する。サインを受けとった投手は、高めか低めか、勝負するかボールで誘うか——捕手の要求に応えて、ボールに意思を伝えなければならないのです。

一例として、昭和五十四年の日本シリーズ（広島－近鉄）をあげてみます。第四戦の三回、近鉄の井本隆投手が一球目、内角高めに直球を投げて、広島・水谷実雄選手に逆転2ランホーマーを浴びた。この本塁打がもとで、近鉄は王手をかけるところを

二勝二敗とされ、翌日も敗れて逆に王手をかけられてしまった。

この一球を考えると、要求した梨田捕手には根拠がなく、井本投手も要求されるままに無造作に投げたという感じだった。一点差の一死二塁、長距離打者の水谷選手は、当然、カウントが不利になるまで狙いダマを絞ってくる。

狙いは何か、直球です。水谷選手は、その前の打席で、外角直球を見送って三振した。①長距離打者だから、追い込まれるまではフルスイングを心がける　②前の打席で見送り三振した——この二点から一〇〇パーセント直球狙いです。そうなると、長打の確率が高い内角への直球は、とても要求できません。

百歩譲って、内角へ直球を投げるなら、ボ

ールを要求すべきです。投手がサインに首を振る方法もある。水谷選手は「なぜ、首を振ったのか」考えます。迷わずに直球を狙うのと、少しでも「?」があるのとでは、集中力が違ってくる。打者を考えさせ、迷わせることも重要です。バッテリーの考えがつかみにくければ、狙いも絞りにくいのです。

さらにいえば、直球はボールにしておいて「もう一度、直球で勝負」と見せかけ、変化球勝負をするべきでした。

水谷選手は、前の打席で三振した直球に狙いをつけたが、これは外国人選手に多いパターンです。カーブを凡打すると、次の打席は徹底してカーブ狙いです。投手のタイプで少し変わりますが、元近鉄のマニエル選手など凡打させられた球種を狙う典型でした。

阪神や西武で活躍した古沢憲司投手が、世界の王について話してくれた。ある年、新開発のチェンジ・アップで王を凡打させた。味をしめて、第二打でも使うと、こんどは見事にホームランされたそうです。

「最初、完全にタイミングを狂わせたから、つい色気を出したんです。完全に狙われていましたわ。野球は、むずかしいよ」

これも、根拠の薄い一球の怖さですが、長距離打者は総体的に、狙いをつけるのがうまい。それだけに、バッテリーはどれだけ慎重になっても構わない。捕手はしっかりした根拠で要求する一球を決め、投手は自分の意思をこめて投げなければなりません。

単なる思いつきや甘い考えでサインを出していては、打者との勝負には勝てない。打者のわずかな動きも見のがさず「捕手の三力」（記憶力、推理力、判断力）をフルに使って、一球を決めてゆく。投手は、捕手の要求を理解して、一球に意思を伝える。それが、バッテリーの「呼吸」というものです。

全力で投手を助ける

こういうふうに、捕手はいく通りもの顔を持っている。「監督の分身」として守り全般を考えるのはもちろん、対戦する打者の長所、欠点を頭に入れて攻略法を組みたてる。その根底にあるのが「細やかさ」なのです。

一球ごとに、打者のステップ、ボールの見送りかたを観察して、相手の狙いダマをさぐる。投手が投球動作に入る前には、すべての野手が正しい守備体型をとっているかどうか確認する。風の方向、ファウルグラウンドの広さ、外野フェンスまでの距離、審判の性格も知っておく必要がある。それらを、すべて頭に入れておかねばなりません。その上で、投手が気持ちよく投げられるように配慮しながら、「いかにして失点を防ぐか」という、最大のテーマに取り組むわけです。

捕手のことを、女房役といいます。投げ手に対する受け手の関係だけで、そう呼ばれているのではありません。たえず「細やかな心配り」が要求される。家庭の奥さんでいえば「気配り」ということでしょうか。

ご主人が外で気持ちよく働ける。自宅へお客さんを呼んだとき、ご主人に恥ずかしい思いをさせないように先を考えながら行動する。これは、愛情に裏打ちされています。なんとか「夫のために」と考えている。捕手にも、そういったところがないといけません。だから「女房役」と呼ばれるのです。

「気配り」というのは、マスクをかぶったから、プロテクターをつけたから、すぐにやれるというものではありません。試合以外の練習に取り組む姿勢はもちろん、日常生活でも決して忘れてはいけないのです。シャツのカラーがアカで黒くなっていても平気、たとえば、そんな無神経な人には捕手はつとまりません。

私の投手リードは「だまし戦術」とか「ささやき戦術」とか、いわれてきました。少しでも投手を助けたい、という熱意が、打者にとって〝うるさい捕手〟になってしまったのです。マスク越しのおしゃべりなど他愛ないものですが、ひょっとして気にしてくれれば、集中力が鈍ることもある。

「だまし戦術」といっても、決してウソをついているわけではないのです。「次はストレートを投げるぞ」といって、カーブを要求するようなことは、したことがありません。たとえば、こんなことなのです。ストレートを二球つづけ、次はカーブを投げさせたい。しかし、相手も狙っている。

そこで「カーブを狙っとるやろ。もう、くるころやからなあ」と、つぶやくのです。たとえカーブを狙っていた打者でも、捕手が警戒しているのなら一〇〇パーセント狙うわけにはいかなくなる。同じカーブを要求するにしても、「それでは何を投げさせるつもりだろう」と考えさせるのです。

あるいは、打席に入ってきた打者に「最近、バットが振れとらんやないか」と声をかける。打者は、その一言がどんな意味を持っているのか考えます。二、三球あとで、「さあ、思い切ってこい」と投手に声をかけるのを聞いたとき、何を想像するだろうか。

「ストレートを投げさせるつもりだな」と考えることでしょう。バットの振りが鈍ければ、速いタマが効果的なのです。打席に入ったときの一言が、伏線になっている。

そこで、カーブを要求する方法もあります。

以前、東映時代の白仁天選手が、耳に脱脂綿をつめて打席に入ってきたことがある。「ノムさん、これ」と、うれしそうに見せてくれた。私の声が邪魔だから、耳栓をしたというのです。

それだけで、こちらが勝ったも同然です。白選手は、私のおしゃべりに心をとられて、投手攻略は二の次なんです。結果は、平凡なセンターフライ。この状態では、ヒットなど、まず期待できないでしょう。

張本選手（現・評論家）は、東映、日本ハム時代に対戦したとき、私がしゃべり出すと「うるさい」と大声を出して打席をはずしたものです。シメシメと思っていたのですが、何かのパーティーで会ったとき、「ボクは、カッカと燃えた方がいい結果が出せる」という。そういえば、怒らせては痛い目にあっていたのです。以後は、刺激しないように気をつけました。

「ハリよ、A（投手）の女房は、病気で寝とるんや。こどもが可哀そうでなあ」

「見れば見るほど、ええスイングや、文句なしに日本一、いや大リーグでもハリほどのバッターは少ないよ」

話題は、なんでもいいんです。泣き落とし、おだて……とにかく「何を！」と燃えさせないように気を配った。とうとう「ノムさん、やめてくれ。わしゃ、ファイトがわかん、打てんよ」と、苦笑しながら申し入れてきた。

緊張感をほぐす

張本選手は、カーッとすることで緊張感を盛りあげていました。誰でも、適当な緊張感がないと、いい仕事はできませんが、極度に緊張した場合、まず指先にくるそうです。大試合でアガってしまう選手がいます。投手ならストレートが上ずって、どうしてもストライクが入らなくなる。指先の抑えが利かなくなってしまうのは、心理的な興奮が、生理的現象になるからです。

深層心理学を研究している千葉大名誉教授の多湖輝氏は、次のように説明しています。

「恐ろしい思いをしたり、驚いたりしたとき、心臓の鼓動が激しくなるだけでなく、呼吸の乱れ、血圧の上昇、汗線の興奮など、生理的変化が起きる。これらは自律神経の働きによるもので、交感神経副交感神経のバランスが崩れるからです。これは神経の持ち主の意思とは関係なく働く」（『読心術』より）

人気投票ナンバー・ワンという形で、元近鉄の太田幸司投手が初めてオールスター・ゲームに選ばれたときも、あとから考えると、こういう現象が起きていたのでしょう。その年の第一戦で太田投手が登板したとき、私はベンチで見ていました。ストレートが高めに浮いて、ボールの連続。セ・リーグの各打者と勝負するどころか、ストライクさえ入らない。私が捕手だったら、このピッチングをどうやって助けられるだろうか。そればかり、考えていた。

私は、当時「リードなら野村」の評価を、いつも意識していたのです。

このときも、太田投手が投げている間だけでなく、翌日も考えていました。そして、一つの方法を思いついたのです。それは「カーブを多投させればどうか」ということだった。太田投手は、緊張しすぎている。指先と手首が普通の状態より硬直していて、ボールが引っかからない。だから、抑えが利かなかった。それなら、逆にカーブを投げれば、どうなるだろう。常識的にはカーブよりストレートの方がコントロールしやすい。これは通常の場合です。太田投手は異常興奮の状態にある。思い切って、指先と手首を使わなければ投げられないカーブで勝負してみてはどうか、と考えたのです。

第二戦は、甲子園球場でした。捕手は、私です。太田投手が登板すると、考えていたとおり、ウォーミング・アップから、カーブばかり投げさせた。案の定、ストライク・ゾーンにきた。太田投手も、最初は信じられないようすだった。それでもストライクを投げられることで、少しずつ落ち着きました。もちろん、こんな状態ですから、球威や細かいコントロールは無理です。それでも、ストライクが入ればピッチングにはなる。太田投手にも余裕が生まれ、なんとか責任を果たせました。

多湖教授の本を読んだのは、そのあとでした。太田投手をリードしたときは、経験をもとに工夫したのです。理論的な説明を読んで改めて納得させられました。

太田投手の好投で、「野村は、さすがにうまい」といわれ、うれしかった。こういう評価は、相手チームの打者に警戒心を与えるし、自軍の投手にも好影響を及ぼします。だから、オールスター・ゲームでは、なんとかいいリードをしようと努力した。

セ・リーグの打撃練習は、必ず見ました。バッティング・ケージの後ろで旧交を温めながら、観察するのです。試合は、各球団のエース級が、最高でも三イニングしか投げません。だから、たいていの場合うまくゆきます。それぞれの投手の主武器を中心にしたリードの中に、投手がハッとするような印象的な配球をまぜておく。「なるほど」と、強いイメージが残るわけです。

「ノムさんのいう通り、投げた」

「さすがは……と感心させられた」

いろんな表現で、パのエースたちが私にも花を持たせてくれる。自軍に戻っても話題になっていて、チームの投手の眼が変わってきます。それが、プラス・アルファとなって、はね返ってくる。「仕事にムダ骨なし」という言葉を痛感した次第です。

練習試合でも負けるな

捕手は、投手の信頼を得るために、試合で全力をつくさなければなりません。ブルペンでの投球練習、紅白試合やオープン戦も同じです。

投球練習なら正確な捕球を心がける。気持ちのいい音を響かせ、たえず声をかけ、投手をのせてゆく。投球フォームに乱れがあれば指摘し、クセがないかどうかをチェックするのです。

紅白試合の相手打者は自軍の選手です。打たれたって構わない、打者はかえって調子が出る、という見かたもあるでしょう。しかし、自分が捕手としてリードする以上、打たれないように工夫し、投手を助けることを考えるべきなのです。

オープン戦は開幕前の調整ですが、そこで打たれて本番で好投できるわけがない。捕手のリードも同じです。必ず試合に勝つこと、いいプレーを前提にしなくては意味がない。練習のための練習に終わってしまうからです。

昭和五十五年のオープン戦で、巨人の勝ちすぎが論点になった。「長嶋監督の采配は調整でなく、勝ちにこだわりすぎている」という意見が圧倒的だった。オーダーもほとんど固定して、公式戦を前提にした練習になっていないといわれた。事実、苦戦つづきで終わった。しかし、結果はともかくオープン戦は「勝利を目的とした練習」ととらえるべきだと思います。

勝つことを目的とした上でオープン戦に取り組まなければ、開幕を前にした調整の意味はないのです。もちろん、選手個々にテーマはある。ベテランは感覚を取り戻そうとしているかもしれない。変化球打ち、右打ちに取り組んでいる中堅や若手もいるでしょう。そんなテーマを消化した上で、勝利に集約させる。そこに、エキシビション・ゲームの意味があります。

キャンプでは、一シーズンをどう戦うか（もちろん優勝を目標として）の練習をつづけてきた。サイン・プレーやトリック・プレーなど新しい作戦もある。経験の場を与えなければならない成長著しい若手もいる。それらのテストを繰り返し、チームの全貌をつかんでゆくのが監督なのです。

その中で、チーム全体が「平常心」を自分のものにする。歌舞伎役者の坂東三津五郎さん（故人）は、「舞台は稽古のつもり、稽古は舞台のつもり」といったそうです。この言葉に、共感を覚えました。

オープン戦は、調整のための練習試合だから、勝つことにこだわりすぎてはいけない。といって「練習だから」という意識は禁物なのです。「平常心」を高めるためには、熱意がいる。それを選手に観念でなく、感覚でとらえてもらう。

ある財界人の話では、経営者は「熱意」だそうです。

「経営者の一番大切な条件は熱意である。学力、知識は少し劣ってもいい。熱意の劣っている人を経営者にしてはいけない。熱意のある人には、人がついてくる」

この「経営者」を、監督や捕手に置きかえても、そのまま当てはまるような気がします。

能力開発に年齢なし●これでいいと思うな

「適齢適所」ということ

昭和五十五年の高知・春野キャンプで読んだ本に『危機管理のノウハウ』(佐々淳行著)があります。その『PART2』の中で「トラブル・シューター」という言葉を見つけました。

「難局対処や紛争処理の特異な才能を持つ、有為、異能の人材」を、こう呼ぶのだそうです。いろいろと歴史上の人物の名前が挙げられていましたが、私は思わず「江夏にピッタリの呼び名だな」と思った。江夏豊投手（現・評論家）は、先発・完投型の投手から、いわゆるリリーフ・エースとして生まれ変わり、五十四年、オールラウンド・プレーヤーばかりが手にしてきたMVP（最優秀選手）に選ばれました。

先発・完投型として一流投手の仲間入りをしながら、故障のためその座を失い、再びリリーフ投手として復活したのです。月並みに、リリーフ・エースと呼ぶのは物足りないな、と考えていた。そこへ、ちょうどピッタリの呼び名を見つけたわけです。

江夏投手が、阪神から南海へ移籍したのは五十一年だった。すでに、往年の威力はありません。彼の成績を振り返ってみると、奪三振の大リーグ記録更新（四十三年、四〇一奪三振）やオールスター・ゲームの九連続三振奪取（四十六年）、延長十一回ノーヒット・ノーラン（四十八年）など輝かしいものですが、そんな速球もスタミナも消えていた。

左肩痛、左ヒジ痛が持病になり、左腕の血行障害に悩んでいた。全力で六十球も投げると、握力が極端に落ちるのです。〝黄金の左腕〟といわれた面影はなく、それどころか、先発すれば〝ただの左腕〟にすぎなかった。しかし、大投手としてのキャリ

アは、少しも失われていません。コントロールのすばらしさ、打者の心理を読むうまさ、駆け引き、集中力、勝負度胸などは「さすが」とホレボレするものだった。

超一流だった財産は残っているが、残念ながら、スタミナがない、六十球以上は威力ある投球ができない。こんな江夏を活かすには、リリーフしかないと考えたのです。チーム事情もありました。南海のリリーフ投手は右の佐藤道郎投手（前・中日二軍監督）だけ、投手陣の編成から、ぜひ左のリリーフが欲しかった。

江夏投手は、一匹狼とか問題児とか言われていましたが、実際にはナイーブな好青年で、人生意気に感じるタイプでした。新撰組が好きで「誠」という言葉に魅かれ土方歳三のように生きたいと願う男です。昭和五十五年四月に生まれた待望の長男に、この字をとって「誠克」（まさかつ）とつけたくらいです。人のために縁の下の力持ちもいとわない、という気性は、リリーフ投手の必要条件でもあります。

しかし、彼は先発、完投への未練が断ち切れなかった。肉体的な衰えはわかっていても、踏ん切れないのです。未練を断ち、リリーフの意欲を持ってもらうよう「オレは、太く短くで、ええんや」という江夏投手と、何十回となく話し合いました。

「華々しい領域も悪くはない。しかし、お前なら本当のリリーフ投手として、プロ野球に革命を起こせる。そうなれば、リリーフ投手への考え方も変わる。専門職確立の草分けや。それだけじゃない。リリーフ投手としての芸術的ピッチングが、きっとファンを魅了するよ」

「技術屋で終わるのもええ。けど、人間三十歳を過ぎたら、人格形成も考えなきゃあかん。野球の技術は、年齢とともにゼロに戻っていくけど、内面は充実していかなきゃウソや。これからの江夏のテーマは、人間を錬磨《れんま》していくことやと思う。そのためにも、リリーフ役に挑戦せないかん」

大阪・豊中市で私の隣のマンションに住んでいた江夏投手は、チームが関西にいると四六時中、わが家にいました。顔をつき合わせれば、リリーフ転向の話です。それは、遠征先でもつづけられました。

「監督が、それだけいうてくれるんなら、ひとつ、やってみようか」

江夏投手がリリーフ転向を引き受けてくれたのは、転向話を初めて持ち出してから、十か月くらいたった頃でした。南海入りして二年目の五十二年から、リリーフ江夏が誕生したのです。

私は、どんな職業にも「適齢適所」ということがあると思っています。球界では江夏投手がこの真理をみずから体現した第一人者だといえる。「適材適所」はそんなにむずかしいことではありません。むしろ、過去の栄光を背負った人が、年齢的に栄光の水準を保ちえない場合、いかに年齢に応じてその能力をフルに生かしてもらえるか。それを考えることの方が大切ではないでしょうか。

「野球バカ」ではつとまらぬ

江夏投手の転身を書けば、どうしても、かつて阪神で彼とバッテリーを組んでいた田渕幸一選手（現・五輪野球日本代表ヘッドコーチ）のことになります。

彼はかつて、私が二年間お世話になった西武で、指名打者としてプレーしました。本人も周囲も、当時、それで当然という感じだったのですが、私はいつも「捕手として、もう一度、能力の再開発に取り組むべきだ」と考えていた。このまま指名打者で終わらせるには、惜しい。それくらい、大型捕手としての資質を備えていました。

私には、田渕選手に関する思い出があります。彼がプロ入りした昭和四十四年のことです。法政大学で二十二本の本塁打を打ち、東京六大学野球の新記録を作って、プロの全球団が強肩・強手の大型捕手としてマークしていた。田渕選手が「巨人以外のチームに（ドラフト会議で）指名されたら、プロへは行かない」と強硬な姿勢を見せたため、タメ息をついたチームは多かったものです。そんな中で、南海はチャンスさえあれば指名する予定だったそうです。阪神が指名したため実現せず、大して気にもとめていなかった。

ところが、春のオープン戦で顔を合わせてみて、改めて背筋が寒くなりました。「こんな選手が南海へ入ってくれたら、えらいことだった。阪神が指名してくれて助かった」つくづく、そう思った。まさに、超大物でした。バッティングはシャープで天才的だった。打球の飛距離も、それまでプロで十五年近くプレーしていた私を驚かせるに十分でした。

おまけに、肩が実に素晴らしい。当時は、近鉄の梨田捕手や阪神の若菜嘉晴捕手の強肩が騒がれていましたが、それ以上のものだった。脚力も申し分なく、身のこなしも俊敏でした。

彼が、もし南海に入団していたら、私など、とても四十五歳まで現役でいられなかったでしょう。三千試合出場もなかった。それほどの選手が、「投げられない」「走れない」といわれていました。田渕選手の意欲の欠如も歯がゆいのですが、阪神球団の選手管理にも問題がありました。彼に「打てばいい、バット一本で給料がもらえる」と思い込ませてしまったことです。走者としての能力、捕手としての能力、チームが勝つためにどうすればいいかなど、年俸の査定には関係がなかった。打率と打点と本塁打、目に見える結果でしか、彼を評価していないのです。

これでは、野球選手としての視野は狭くなります。自分の立場でしか野球を考えず、広角で見ていない。バッティングの視野も広くなるわけがない。捕手として、チームのこと、投手のことを考えていると打席に入っても相手の立場で心理が読めるのです。そうなれば、バッティングの視野も広くなるでしょう。相手の立場で自分が見つめられれば、状況判断ができ、高度な読みをすることも可能です。

これが「日常」ということではないでしょうか。仏教の言葉で「如《によ》」というそうです。「そのまま」という意味だと聞きました。野球にもピッタリ当てはまると思います。他動的にせよ、田渕選手はそのことを忘れてしまった。そのために、捕手としてホームラン打者として、傑出した素質を持ちながら、のばしきれないでいる。「野球選手は〝野球バカ〟でいい」なんて嘘です。王貞治氏でも張本勲氏でも、一般の社会人以上に鋭い直観力と円満な常識をもっている。「野球選手であること」の思想があるのです。思想のない選手、記録だけを狙う選手はバッティング・マシーンにすぎません。すぐに役立たなくなるのです。

それでは、惜しいじゃないですか。だから、もう一度、能力の再開発に取り組むべきだと思ったのです。肩や脚力は、半年から一年間のプログラムを組んでトレーニングすれば、確実にアップするものです。

問題は、再開発に取り組む意欲があるかどうかです。「生き甲斐」は、ときには人からも与えられるけど、やはり自分の意思で持つべきだからです。

あと、五十本は打てていた

人間、誰にでも欲があります。その欲が前進の原動力になる、といわれています。

「本当に、ホームランは打てるのだろうか。ひょっとして、もう、一本も打てないのではないのか」

そんな不安に襲われて眠れない夜を過ごしたことが、実際に何度もありました。こう書くと、「何をバカなことを……」と考える人も多いでしょうが、打てなくなる不安は、きっと世界の王も味わったに違いありません。

シーズン・オフからキャンプの序盤にかけて、あるいはシーズン中でもスランプが訪れるたびに、眠られぬ夜がつづきます。そんなとき、バットを片時も手もとから離したくなくなります。夜、寝るときにもバットを枕もとに置いておくのです。ハッと気がつくと、フトンの上でバットを振っていた、ということも何度かありました。

バットを振ると、ビュンというなりが聞こえるのは、ご存じでしょう。本当はそんな音がするのはダメなのです。音はピュッというのがいいのです。つまり、幅が狭くて鋭くなければいけません。その音を何度か聞いて、またフトンにもぐり込んだ夜が、いく晩あったでしょうか。

シーズン中のスランプも苦しいものですが、キャンプ前後の焦燥感というのもイヤなものでした。下半身は、まだ完全にできあがっていない。打球を飛ばそうとすると、フォームが崩れてしまう。打ちたくても、打てないのです。だから、早く鍛えたい。けれども、オーバーワークになると、下半身の筋肉を痛めてしまう。焦らず、早く——は、むずかしいものです。

「よし、フルスイングできるぞ」

自分でGOサインを出すまでの期間は長く、その焦燥感は、好成績を残した翌年のキャンプほど強いのです。成績が悪かった翌年というのは、失地回復の気持ちが強くて無我夢中です。そのとき、そのときを大事にして、プログラムを消化している。焦る気持ちなど忘れていますが、好成績を残した翌年というのは、ついつい新しいシーズンに気持ちが向いてしまう。

バッティングは、丸いボールを丸いバットで叩く。だから、考えている程には、うまくゆきません。一秒の何分の一かのズレが、ジャストミートを狂わせてしまうのです。昭和三十八年に五十二本の本塁打を打ち、プロ野球最多だった小鶴誠氏(元松竹)の五十一本を抜きました。翌年、王選手が五十五本を打ちましたが、当時のパ・リーグ記録に残っています。四十年には、戦後初の三冠王と、この前後は、シーズンが始まるのが待ち遠しくもあり、また怖くもあった時期です。

本当に緊張の連続で、一年中ピリピリしていた。極度の不安と戦っているかと思うと、ある時期は何本でも打てる気がするという繰り返しです。不安を乗り越えると、好成績という結果が待っている。それが、自信につながっていったようです。しかし、そのうちに少しずつ、自信が過信へと変わり出した気がしないでもないのです。いま、振り返ってみると、毎年変わりのない練習をしているようにみえて、どこかに妥協が生まれていたのではなかったか、という反省があります。

五十四年五月二十七日、新潟・鳥屋野球場で、古巣の南海（村上之宏投手）から、プロ入り通算六五〇号本塁打を放ちました。王選手につぐ、史上第二位の記録です。捕手という心身ともに消耗の激しいポジションを守って四番打者でした。三十五歳（四十五年）からは監督兼任だった。「我ながら、よくやってきたなあ」という気持ちがあるのは、事実です。ただ、その半面、もう少し練習に身を入れていれば、「あと五十本は、ホームランを打てていたかもしれない」という反省もあります。

二十七年目を迎えたキャンプ（五十五年）では、二十五年間も使いなれたバット（長さ八五センチ、重さ九九二グラム）を変えました。ヘッドも握りも太い、スリコギのような一〇二〇グラムのバットです。長く愛用してきたバットは、ヘッドを利かせるタイプで飛距離も出た。それに対し、新しいタイプは、バットの重さを利用します。バットのヘッドをボールにぶつけるスイングになります。

この二年間、やはり体力的な問題からか、頭の中にあるタイミングでバットを振っても、実際には振り遅れてしまい、それで、ホームランどころかヒットも少なくなった。同じバットを使っていては、結果も多分同じだと考えて、新しいタイプに挑戦したのです。それだけに、なおさら、自信と不安が交錯しながらも、ピンと張りつめていた時代を、思い出すのかもしれません。

セールスポイントの確立

私が、南海のテストに合格できたのは、「カベにでも取っておいたら、どうだ」ということからだったようです。プロ野球の世界では、ブルペン捕手のことを「カベ」と呼んでいる。壁のように、一日中、ただ黙々と座りつづけるのです。誰が名付けたのか、悲しくて胸が締めつけられるような呼び名です。投球練習や打撃練習には、絶対に欠かせない存在ですが、戦闘要員としては計算されていません。

テストを受けた当時の私は、プレーヤーとしては、まだ見るべきところがなかった。ただ、捕手というポジションが南海へ入団できる要素になっていたのです。ポジションそのものがセールスポイントという情けない状態でした。しかし、各球団には、「打つだけならすごい」「走るのはまかせておけ」というように、セールスポイントを持った選手がいます。「代打」「代走」「守備要員」と、何かひとつ特徴を持っているのです。

元近鉄の藤瀬史朗選手は代走専門でした。昭和五十四年のシーズンには代走だけで二十七盗塁(失敗三)を決めました。すべて、一点を争う緊迫した場面だった。阪急とのプレーオフ、広島との日本シリーズでも、その足は威力を発揮しました。西本監督のもっとも貴重な持ち駒になっていましたが、彼に俊足というセールスポイントがなければ、一軍へ上がれていたかどうか疑問です。藤瀬選手ほどの俊足ではないが、南海の堀井和人選手も足の速さを武器とした選手だった。五十五年五月で引退するまで、代走・守備要員で一軍ベンチにいたのです。

代打としては、元阪急の高井保弘選手でしょう。代打ホーマー通算二十二本の記録は、大リーグにもありません。一打席にかける集中力で、オールスター・ゲームにも出場し、代打逆転サヨナラ2ランを打って、オールスター男に選ばれたこともありました。

変わったセールスポイントを持っている男もいる。以前、南海に在籍した大塚徹選手です。うまいヤジを飛ばしたり、気の利いた冗談でチームのムードを明るくする才能の持ち主だった。戦力的にはとにかくとして、ムードづくりでは名人芸でした。このため彼を何年間か一軍ベンチに座らせていたのです。この他にも、投手のクセを見破ったり、サインを盗むのが、非常にうまい選手もいる。彼らの場合、それだけで一軍が保証されるとはいえないが、同程度の実力の選手との競争なら、特殊な才能を持っている方が有利なのは当然でしょう。

こういったケースは、アマチュア野球では例がないと思う。選手層が薄いし、ベンチ入りできる人数も少ない。どうしても、平均点の選手が要求されます。プロ野球の場合「走・攻・守」揃っていないと、レギュラーとして定着するのはむずかしい。その半面、何か一つでも特徴を持っていれば、生きてゆく道は拓けます。

「カベにでも」で生き残れた私は、長打力に目をつけられて一軍へ引き上げられた。リードは幼いし、肩も自慢できるものではなかった。取り柄のバッティングでも、カーブは打てませんでした。一軍の中軸打者と比較しても遜色のないパワーだけが決め手だった。捕手として、いろいろ覚えたのは、そのあと試合に出場しながらでした。

速球投手、ホームラン打者、俊足ランナーは、育てようとしても育てられません。持って生まれた天性なのです。その素質をどう活かすかは本人の努力であり、首脳陣の指導と教育です。タマは滅法速いがコントロールは全然ないというのでは、速球投手とはいえません。バットに当たったときの飛距離は文句なしだが、それが二十本や三十本に一本では、問題にならない。東京オリンピックの百メートル走者だった飯島秀雄選手が、ロッテ（当時は東京）に入団しましたが、そのスピードは走塁とは無縁のもので、生き残ることはできなかった。

自分の特徴を、どう活かすか。魅力あるものにできて初めて、セールスポイントを確立したということになるのです。

人間が「ジャンプ」するとき

日本ハムに柏原純一という選手がいました。勝負強いバッティングで、日本ハムというだけでなくパ・リーグの中心選手の一人に数えられていました。

実際に、昭和五十三年に南海から移籍すると、その年、パの一塁手といわれた元阪急の加藤英司選手を押しのけてベストナイン、ダイヤモンドグラブの一塁手に選ばれました。五十四年もダイヤモンドグラブを受賞している。

そんな柏原選手のプレーを見るにつけ、野球選手には「死ぬほど、野球に熱中しなければならない時期がある」と、改めて痛感しました。彼が一人前のプロ野球選手になれたのは〝熱中度〟の高い時期を経験したからなのです。

深夜、彼の自宅へ〝家庭訪問〟に押しかけたのは、五十二年のシーズンが始まって間もなくだった。その前年、熊本・八代東高校を出てプロ入り六年目で、ようやくレギュラーの座をつかんでいた。一二四試合に出場して打率二割六分の成績を残し、そのオフに結婚しました。五十二年は新婚の年だったのですが、スタートから調子が出なかった。

そこで、大阪球場での試合が終わったあと、コーチ会議を済ませてから〝家庭訪問〟をしたのです。彼は不在でした。どこかで、同僚と飲んでいたようです。奥さんと話をしていると、ちょうど彼から電話が入った。

「いま、何時だと思っているんだ。ウロウロほっつき歩いていないで、すぐに帰ってこい」と怒鳴ったものです。

私は監督として、一軍選手の場合はそれぞれの自主性にまかせる方針をとっていた。球場を出れば、何をしようと文句は言いません。しかし、その年の柏原選手のようなケースは別だったのです。プロ野球選手として、微妙な時期を迎えていた。なんとなくレギュラーになり、自分なりの自信を持っている。しかし、相手も研究しています。一年ぐらい働いたからといって安心していては、すぐに脱落してしまう。一年を二年、三年と伸ばしてゆき、レギュラーとして定着して初めて一人前です。〝二年目のジンクス〟と、よくいいます。せっかく頭を出しながら次の年に叩かれてしまうのは、いわばフロック（まぐれ当たり）半分でレギュラーになったのを自分の実力と勘違いすることからおこるのです。

プロ野球選手には「ホップ」「ステップ」「ジャンプ」の三段階が必要だ――というのが、私の持論です。「ホップ」はプロ入りしたタマゴの時分です。「野球なんて簡単だ」と、周囲が思わせなければいけません。右を向いても左を見ても年上ばかり、変に萎縮させたり自信を失わせては、せっかくの素質が伸びない。「これなら、やれる」と自信を持たせるのです。

第二段階の「ステップ」では、プロの厳しさ、競争の激しさを教え込む。ファームにいる三十人ちょっとのうち、何人が一軍へ上がり、レギュラーになれるのか。この現実を直視させ「うかうかしていては取り残される」とわからせる。積極的に練習に取り組む姿勢を育てるのです。

そして、一軍へ上がってくる。レギュラーの座をつかむ選手もいる。そのときが「ジャンプ」です。徹底的に、野球の厳しさを味わわせなければならない。柏原選手は、ちょうどその時期を迎えていました。朝から晩まで、極端にいえば夜眠っているときでも、野球以外のことに目を奪われていてはいけないのです。誰でも一度は、歩かなければいけない道です。この道を通らなければ、決して一人前にはなれません。

器用な人なら、一年で通過します。不器用な人で二年か三年です。私は三年かかりましたが、とにかく、体で野球を覚える時期です。その「ジャンプ」の話を、柏原選手にしました。彼は、それを理解すると、私の近くで生活したいと言い出した。当時、住んでいたマンションの一階が空いていて、紹介すると一週間もたたないうちに引っ越してきました。

以来、朝から晩まで、同じ行動です。マンションの前の広場にネットを張って、球場へ行く前も、ナイターから帰ったあともティー・バッティングに明け暮れた。この年かぎりで、私は南海を退団し、彼は日本ハムへ移籍したわけですが、この十か月間に彼は大きく飛躍したようです。文章を書く人もそうだそうですね。ある作品で受賞すると、どっと注文がくる。その時期は歯をくいしばって書かねばならない。その多作の時期に筆が荒れてはおしまいで、筋目正しいものを書きつづけることが大切なんだそうです。それで、やっとほんとうの一人前になれるのでしょう。

「野村再生工場」といわれて●能力を見抜く眼

その一　山内新一投手の場合

決して、自慢をするわけではありませんが、球界で「野村再生工場」といわれだした実験談から始めたいと思います。

第一例は山内新一投手の場合です。

投手は、いつでもスターの位置に立つものです。それだけに自惚《うぬぼ》れや妄想にとりつかれやすいのです。投手たちが抱く妄想とは、「自分のストレートは、もっと速くなるはずだ」ということです。

昭和四十八年に、巨人から南海へ移籍してきた山内新一投手も、その一人でした。私が初めてピッチングを見たキャンプでも、彼は夢を見ていた。ストレートをビシリと決め、シュートで打者をつまらせる……夢物語を頭に描いて、投球練習をしていました。

彼は巨人時代の四十五年、八勝四敗、防御率一・七八の好成績を残していた。この年はシュートがよかったのですが、その後右ヒジを痛めたのが原因で、五勝、〇勝と成績は急降下です。それでも、現実を直視できていなかったようでした。

右ヒジ痛の後遺症で、ヒジは内側へ〝くの字〟に曲がっている。これでは、物理的に打者を圧倒するシュートは投げられない。それでも「ストレートが回復すれば、往年のピッチングができる」という妄想にとりつかれていたのです。

開幕が近づいたとき、私は山内投手を呼んで話し合った。

「いつまでも、速球を追いかけたってダメだと思う。投手の命は、スピードだけじゃないよ。速球の夢は捨てなきゃいかん」

「コントロールとスピードの変化だけで、二十勝した投手もいる。ガッカリするかもしれんが、快速球を投げられるのは、持って生まれた素質なんや。不可能に挑戦しても、はじまらん。意識改革するべきだと思うがね」

「ロッテの村田（兆治投手）はスピードで二十勝する。それなら、山内はコントロールで二十勝したらええ」

私の話を、終始、無言で聞いていた。納得したようすもなかった。それは、そうでしょう。投手に向かって「スピードがない」と宣告した。簡単には受け入れられないと思います。しかし、私には計算があった。彼の右ヒジは、右打者の外角へストレートを投げるのに適していました。〝くの字〟に曲がっているため、自然にスライドする特性に目をつけたのです。その投球が山内再生のカギになると考えました。

開幕からしばらくして、実験のチャンスが来た。粗い打者が多い西鉄（現・西武）ライオンズ戦の先発を決め、一つの指示を与えました。

「とにかく、外角一辺倒でゆく。打たれてもいいから、サイン通りに投げてこい」

まさに、ワンパターンでした。シュートは、たった三球しか投げなかった。それも、ボールにはずし、あとはすべて外角球です。奪った三振は三個だけだったが、そのピッチングが成功し、なんとプロ入り初完封につながった。

九イニング、二十七のアウト数の内訳は、三振が三個のほか外野フライ二、あとの二十二が内野ゴロだった。西鉄の各打者は、外角へスライドするストレートを引っかけて、ゴロばかりころがしていたのです。

この一勝は、山内投手の妄想を取り払うのに効果的でした。百万言を費やすよりも、身をもってコントロールの重要さを理解したのです。自分のピッチングを会得し、その後も同じパターンで勝ちまくりました。終わってみると二十勝八敗、オールスター・ゲームにも初出場し、パ・リーグ最初の二シーズン制となったこの年、南海のリーグ優勝にも貢献しました。彼自身、自分の力で〝山内流〟を完成させたのです。私は、彼の笑顔を見て「人間って煩悩のカタマリなんだな」と思ったものです。

るかもしれない。私自身も「南海の野村」「19番の野村」「リードの野村」という妄想にとりつかれてい

その二　福士敬章投手の場合

捕手として、これまで何人の投手の投球を受けたことでしょうか。ミットにズシンとくる手応えは、いくら使いなれた左手でも痛みを感じます。その左手の痛みを通して、投手の調子を判断し、その素質をはかってきました。

しかし、唯一、別のところで投手として戦力を感じた選手がいます。こういうのを、出会いの不思議さというのかもしれません。

たった一つのプレーに惚れ込んでしまった。それも、ピッチングとは全く関係のないプレーなのです。

山内投手とともに、巨人からトレードで譲り受けた福士敬章投手（旧姓・松原）です。山内投手にはリリーフ役（実際には先発に回った）を考えていたが、福士投手に関しては「中継ぎ役にでも」という軽い気持ちでした。しかし、なんとか先発ローテーションに加えたいと考えたのは、大洋とのオープン戦のときでした。

彼が、猛烈なベースランニングを見せたのです。当時は、まだ指名打者制度がな

く、投手も打席に入っていた。福士投手が登板し、回ってきた打席で出塁して三塁走者となっていました。そのあと、内野ゴロで猛然と本塁へ突入してくると、激しいスライディングをみせたのです。

これには、さすがに驚きました。日本シリーズなら話は別です。調整が目的のオープン戦で、選手は誰もが、内容さえよければ結果は二の次、という時期です。野手でも、なかなかできないスライディングに、彼の選手としての本質を見た思いがした。

トレードが決まって、巨人の首脳陣からいろいろ情報を受けとったとき、「福士は気が弱い性格だから、それを考えて使った方がいい」と聞かされていました。実際に、会って話をしてみても弱々しい感じだったので、私もすっかり気が弱い性格だと決め込んでいた。

しかし、このプレーを見たとき、それが間違いだったことに気がつきました。表面的にはともかく、内に秘めた闘志はすばらしいものがある。本当はシンの強い性格だと理解したのです。「気が弱いから、マウンドで力を出せない」のでなく、「経験不足で、うまくいかないのだ」と考えを改めたのです。

巨人では、四年間で〇勝四敗だった。オープン戦でも手を抜かない〝気まじめさ〟が、逆に悪い結果になっていたようです。一生懸命にぶつかる性格だから、鋳物《いもの》のようなモロさもあります。回復までに時間がかかるし、人一倍、結果を気にしてしまう性格です。当時の巨人では、若手に与えられるチャンスは少なかった。だから、余計に緊張する、力が出し切れない……その悪循環です。そこで経験を積ませるため、打たれても根気よく登板させた。ローテーションからは、絶対にはずさなかった。「信頼しているぞ」ということを強調したのです。最初は失敗もしたが、徐々にブルペンの力を出せるようになった。

こうなると、シメタものです。いわゆる、一本立ちのピッチングができるようになる。主力としての力を自分のものにしたのです。私がエコヒイキで押し上げたわけではありません。「磨けば光る」素材だったのです。普通にしていても、恐らくいつかは力を発揮したことでしょう。ただ、内面に隠されていたガッツを、ベースランニングで発見できたことが、福士にもチームにもプラスだった。余計な回り道をしなくて、済んだわけです。

人間の評価ほどむずかしいものは、ありません。福士投手のスライディングが、それを教えてくれました。不思議な出会いをしたものです。

その三　江本孟紀投手の場合

山内投手が二十勝し、福士投手が一本立ちすると、「野村再生工場」などと呼ばれるようになった。

「他で、くすぶっている投手を、どうすれば、あんなにうまく育てられるのですか。成功の秘密はなんですか？」

会う人ごとに聞かれたものですが、特別、むずかしい問題ではありません。鍛えてモノになるかどうか、見極めるだけのことです。素質はあるが、それが発揮できないでいる。なぜか？　それを考えるのです。

何に目をつけるか、どうやれば育つかの見極めが微妙なのです。いわゆる「野村再生工場」の第一号は、阪神にいた江本孟紀《たけのり》投手（現・評論家）だった。彼の背の高さ、手足の長さが魅力でした。漫画「ルパン三世」の主人公をもじって〝ルパン〟と呼ばれたくらいの、日本人離れした体型に目をつけました。体をもてあまし気味の投球フォームは、不格好だった。それは、体を使いこなしていないせいで、バランスさえよくなれば……と考えたのです。

入団一年目は、東映（現・日本ハム）で〇勝四敗、六十回三分の二を投げて三十五個の四死球を与えています。二年目に南海へ移って十六勝しましたが、二百三十七回三分の一で四死球は百十八個、四死球の比率は一年目とほとんど変わっていない。ノーコン投手の典型ながら二ケタ勝利をあげました。投球フォームが少しよくなって球威が出てきたことのほかに、もう一つ理由がありました。手と足が長い日本人離れした体型のため、打者はボールの出てくる角度に眩惑されたのです。

それと同時に、ボヤキが多いのも江本投手の特徴だった。これは、南海へきてわかったのですが、投手としては珍しいタイプなのです。金田、稲尾、杉浦ら一流投手といわれる人は、ほとんどボヤキがありません。気持ちの切り替えが早いのです。ところが、江本投手は「首脳陣批判」を平気でやるし、ときには「球団批判」にまでエスカレートする。そのために誤解される面も多かった。ただし、よく聞いてみると「批判」というよりボヤキに近く、他人の足を引っ張るような陰湿さはありません。

私もよくボヤキが出る。あとで反省することばかりです。ボヤクのは理想と現実のギャップが大きいからです。つまり、希望があるからボヤクのだと思うのです。人間には理想があり、欲望がある。しかし、現実はうまくゆかない。だから、歯がゆいのです。ボヤキは、高いところへ登ろうとする意欲の変型でもあります。

江本投手は、チーム愛の強い選手でした。愛情が批判やボヤキになってしまう。皮相的に見ると、チームの和を乱すケースともいえますが、「首脳陣批判だ」「罰金だ」

と一律に処理してしまっては持ち味を殺してしまう。こんなタイプは、どんな組織にもいます。杓子定規に扱わず、リーダーが理解し、コントロールしてやる。それでこそ、能力が活用されると思うのです。

漫画のような打法はない

前にも少し触れましたが、昭和五十五年の私は、新しいタイプのバットを使用しました。

重さ一〇二〇グラム、グリップエンドは極端に大きく、グリップの部分も太い。全体の印象は、スリコギを大きくした感じです。しかし、重心は普通のバットより少し手前にあるのでスイングしても、長い間愛用した九九二グラムのバットより重量感はありません。

これは、南海・藤原満選手（現・評論家）の使っていたタイプです。高畠導宏コーチ（当時）が開発して、パ・リーグに愛用する選手がふえました。藤原選手は、このバットを手にすることで、一流選手の仲間入りをすることができたのです。

四十四年に入団して二年間、どうしてもプロのスピードと変化球についてゆけなかった。スイングそのものに欠陥がありました。アマチュア時代（松山商－近大）にクリーンアップを打ち、長距離打者のスイングだった。ところが、プロのレベルではパワーもリストワークも、中距離打者までも達しません。バットのヘッドを利かせるスイングは無理なのに、グリップの細いバットをたてて構え、長距離打者か中距離打者のスイングをしていた。

これでは、プロで通用するわけがない。それでも、ときにはハッとする鋭いライナー性の打球を飛ばすことがある。バントの構えから、投手の投球動作に合わせてバットを引き、強打に切り替えたときが、いいのです。俗にバスタード・バントというのですが、これをやると、実にシャープなバッティングができる。

これを見て、なんとか実際のバッティングに活かせないかと考えたのです。バスタード・バントは、バントの構えからバットを引くわけですから、バックスイングが小さい。スイングそのものも、バットのヘッドをボールにぶつけて野手の間を抜こうという意識があるから、小さくなります。藤原選手が、バスターを発展させた、この打法と取り組んだのは入団三年目でした。

バントの構えをする、バットを引く、ボールを叩く、打撃練習というと、この三つの動作の繰り返しです。なんとか、スムーズな一連の動きにとけ込まそうとした。慣れてくると極端なバントの構えはやめ、体の前あたりでタイミングを取り、バックスイングを小さくして打つように心がけた。最初の頃より動きは小さくなったが、原理は同じことです。実際に試合でテストして、調子が落ちると最初からやり直した。なんとかモノになりそうだと、メドがつくまで二年かかりました。四十七年のシーズン終了後、藤原選手を三塁に定着させることを決め、唯一のスターだった富田勝選手をトレード要員に、巨人から山内、福士両投手を獲得したわけです。

藤原選手は四十八年、打率二割八分一厘を打ちました。一番打者として定着し、南海の優勝に貢献したわけですが、バスタード・バントをヒントにした新打法の完成までには至らなかった。翌年は二割二分台の低打率に苦しんだのです。自分の打法として完成させたのは五十年だった。高畠コーチが〝スリコギ・バット〟を開発して、一気に浮上しました。

長距離打法からの大転換だった。打者は誰でも、大きなスイングでポンポンと打球を飛ばしたいという欲望を持っている。打撃練習なら可能ですが、それでいい気になっていると、実戦では打てません。実戦は野球漫画のようにはいかないのです。自分の体に応じたバッティングを心がけるというのは、口で言うほど簡単ではないのです。いざとなると、徹し切れない。しかし、彼がアマチュア時代の打法に固執していたら、あのような活躍はなかったでしょう。

学生時代の気負いを捨て、新打法と取り組んだときが、彼のプロ選手としての第一歩だったのです。

八つほめて、二つ教える

「五つほめて、三つ教えて、二つ叱《しか》る」

学校教育の根本だそうです。小学校の先生にこの話を聞いたとき「なるほど」と思いました。

一軍でマスクをかぶって二十五年、まがりなりにも「投手リードは、野村」の評価をもらえました。自分なりに、いろいろ工夫もしました。根底にあったのは、なんだったろうかと考えてみると、私の場合もやはり「相手をほめる」ことだったように思います。もちろん、投手の力を見抜く眼、その日の調子を把握する力、相手の狙いを読み、長所、欠点を利用する……などは、最低限必要なことです。その上で、投手の力を十二分に引き出す決め手は何か——となると「ほめる」ことでしょう。

グラウンドは、戦場です。だから、叱ってばかりいてもはじまらない。叱る
キャンプとか試合の前後にして、試合ではとにかく目をつぶってで
を十二分に引き出す。私は「八つほめて、二つ教える

結びついたような気がします。

ピンチを迎えたとします。球威は大してない

「コントロールを間違うと危いぞ、気をつけて投げ

敏にするだけです。

「お前のコントロールなら大丈夫だ。外角低めをつけば、結

って投げてこい」

この方が、力を発揮してくれる。そして、「あのバッターは、外

ておけば、打てないよ」とつけ加える。気持ちをラクにしてやると、投

安もなく投球に専念できます。

球威が落ちてきた投手に「だいぶ、へばってきたぞ。ボールが走っていないから、間違うと危険だ」と、そのときの状態を教えても仕方がない。マイナスにはなっても、プラスにはなりません。それより「まだ、大丈夫だ、心配することはない。内角はボールにして外角低めへ思い切って投げろ」といえば、具体的な指示（目標）がわかる。勇気づけられることで、自信も回復してくれます。「教える」といっても、自信を失わせては意味がない。「へばって、危ない」のなら、いさぎよく交代させた方が無難でしょう。

ホームランを注意しなければならない場面で、わざわざマウンドへ近寄って「一発だけは気をつけろ」などというのは、愚の骨頂です。「一発」が潜在意識となって、かえって悪い結果を招きます。それより「あのバッターは、低めにカーブを投げときゃ〝一発だけはない〟からな」と安全地帯を示してやる。「そうか、一発はないのか」と、その場面で一番気にしていた問題から解放されて、積極性が生まれるのです。

その典型的なタイプが、南海から中日、ヤクルトと移って退団した西岡三四郎投手だった。私が監督に就任した昭和四十五年当時、杉浦忠、皆川睦雄の両ベテラン投手が現役を引退して、投手陣は弱体化していた。しゃにむにエースに育てあげたのですが、いつも薄氷を踏む思いでした。

たいしてスピードはなかったが、右打者の外角へのストレートがスライドする特性を持っていた。外角低めにコントロールされていれば内野ゴロが多く、ごまかしは利いた。ところが、気が弱いのです。〝気は優しくて、力持ち〟といいますが、一八〇センチを超す大男が、ウサギの心臓の持ち主だったのです。だから、いつも自信を持たせてやらないといけません。

「キレのいいボールだぞ」

「お前の外角ストレートなら、三割バッターも、ちょっと打てないよ」

「黙って投げてりゃ、二ケタ（勝利）なんて軽いもんや」

こんなホメ言葉を、いつもかけてやるのです。プレーボール直前のウォーミングアップでも「今日も、タマが走っとる。いけるぞ」というのを忘れません。ほめて、自信を持たせるのです。なにしろ「今日は、調子がいい」とでもいえば「それじゃ、いつもは？」と考え込んでしまうくらいでした。

「よし、その調子で、あとはサイン通りくりゃOKや」

そういって、たとえ打たれても、責任はすべて捕手の私がかぶります。「今日は、オレの勘がさえなかった。悪かったなあ、この次こそ頼む」と、早い回で交代させる。ダメージが尾を引いてはいけないからです。そのとき、必ず「次は○日に先発するぞ」と、次回の登板を明示してやる。KOされても信頼していることをわからせるのです。

「ほめる」ことも戦いのひとつ、と私は学ぶことができました。

第四章
リーダーの条件

環境づくり●組織の強化を図るために

チーム愛とは

久しぶりに、いい光景に出会いました。

昭和五十五年の開幕戦のことでした。

西武は、後楽園球場で日本ハムと対戦した。私はベンチにいた。三十一年にレギュラーになって二十五年目、初めて開幕戦をベンチで過ごした。試合は、西武・東尾修投手（現・評論家）、日本ハム・高橋直樹投手の好投で、1－1のまま延長戦になった。その十回裏、西武は一点を失って、残念ながらサヨナラ負けを喫したのです。

「いい光景」は、日本ハムの勝利の瞬間だった。ファイターズのユニホームを着た選手たちが、いっせいにベンチを飛び出してきて、いまにも胴上げが始まるのではないかと思うほどの喜びようなのです。

「なんだ、開幕ゲームに勝ったぐらいで、優勝したみたいに騒ぐなよ」

私の座っている西武ベンチから悔しそうな舌打ちが起きたほどだった。確かに、百三十分の一、たったの一勝です。しかし、その一勝に、これだけ喜びを爆発させられることが尊いのです。優勝の直前や、優勝決定の試合で勝って喜ぶのは当然でしょう。序盤戦や中盤戦で、これほどの喜びようを見たのは本当に久しぶりでした。

「今年の日本ハムは、うるさいぞ」

そう思いながら、タイムカプセルに入ったように、その七年前の自分の姿を思い出したのです。

四十八年、パ・リーグが二シーズン制を採用した最初の年です。南海が前期優勝し、プレーオフでも阪急に勝って、七年ぶりに優勝した年でもあります。

二シーズン制は、常勝だった阪急以外のチームにも、優勝のチャンスを与えようという目的で採用された。新制度になって、私は「南海にもチャンスあり」と計算したのです。百三十試合だと投手力はもちませんが、半分ならなんとかなる。キャンプから、その可能性を選手に強調しました。それまでは、あきらめ半分だった選手も、しだいに「優勝できる」「優勝したい」と考え始めた。目標に向かって一丸となっていったのです。

選手が「その気になっている」のを、最初に言葉に出したのは、たしか、日拓（現日本ハム）の岡村浩二捕手だった。

「勝って、こんなに喜ぶノムさんを、初めて見た。今年の南海は、要注意や」

まだ、前期の中盤という頃、こんな談話がスポーツ新聞に出ていた。だから、日本ハムも……というのではありません。結果は、時の運だからわからない。しかし、勝つこと（即ち優勝です）に執念を燃やして、チーム一体となっていたことだけは確かです。

私を含め、当時の西武の選手はサヨナラ負けに悔しい思いをした。多少にかかわらず、選手はチームに愛情を持っている。負ければ悔しいのは当然です。ただ、日本ハムのように喜びを爆発させられるかどうかが問題なのです。これだけ一勝を喜べる選手なら負けたときの悔しさも大きいに違いない。

「結果を気にするな」と、よくいわれます。仕事の最中にクヨクヨと結果を気にしていてはダメです。いろいろな状況をふまえながら集中する必要がある。しかし、その結果、出た答えを気にしないようでは進歩はない。たとえ気にしても、それが個人的なものでは意味がありません。

たとえヒットを打てなくても、自分の勝ち星につながらなくても、チームが勝ったという結果に、すべてを忘れて喜べる、そんな選手が多いチームほど強い。リーダーの任務は、そんな選手を一人でも多く作ることからスタートするのです。

それにはまず、個人記録よりチームの勝敗が収入の増大につながることを仕込むべきでしょう。もちろん、個人記録も大事だが、どうすれば勝利に貢献できるかを教えてやる。そして、その貢献度をキチンと評価する。それが根本です。その体制を作った上で、頭と体の練習が始まります。

「これだけ練習しているのに、負けてたまるか。なんとしても勝たなければ……」

勝負への執着心こそ、チーム愛の原点です。Bクラスのチームが Aクラスに入る。三位が二位になる、そして優勝——そのつど、正しい評価で応えてやる。

「勝つことは、本当に素晴らしいことなんだな」と、主力選手が実感としてとらえたとき、チーム愛は本物になったといえるでしょう。

この「愛」は、持ってもらうものではなく、持たせるものです。

プライドを持たせる

「勝負は、まず敵を呑《の》んでかかれ」といいます。精神的に優位にたつことが、必勝法の第一と教えているのです。

「どうだ、うちのチームは凄いだろう」と、選手が胸を張れるように気を配らなければなりません。まず、自軍が他球団より進んだ野球をしていることを叩きこむ。選手が気がつかなかったような、細かいデータの収集をしたり、相手戦力の分析をしたりするわけです。

私は監督時代、キャンプなどでは意識して高度なフォーメーション・プレーやサイン・プレーの練習をさせた。もちろん、公式戦でも使うチャンスはあるわけですが、もう一つの効果も狙っていました。移籍してきた選手は、必ず「こんな練習は初めて」と驚きます。キャンプ地を巡回する評論家やベテラン記者諸氏も、決まって「内容ある練習をやっている、阪急や巨人にも負けない」と感心してくれたものです。

こういった声は、すぐに選手に届きます。外部から入ってくる評価を聞いて、「うちは他球団より進んだ野球を目指しているんだ、どこにも負けない練習をしているんだ」と認識する。それが自信となり、誇り高い選手へと育ってゆきます。

もちろん、プレー以外のことにも、十分に神経を遣わなければならない。選手は、些細《ささい》なことでも、気にするものです。たとえば、遠征に使う交通機関。「うちは新幹線だけど、A球団は飛行機」とか「B球団は新幹線でも、全員がグリーン車に乗っている」ということになる。宿泊するホテル、食堂の差も、ちょっとした違いで負い目になってしまう。

ユニホームもおろそかにできません。当時は、OLさんのユニホームが普及した頃です。「いや、参りました。女子社員の制服が仕事にまで影響するんですよ」と、ある会社の役員さんが頭をかかえていました。もう、四十年ぐらい前の話です。一流会社のOLさんたちが「こんなヤボったい制服はイヤです」と、その会社の幹部を突き上げたのです。

野球選手もユニホームには敏感です。デザイン、配色、生地、仕立て、相手と見比べて「カッコ悪い」とか「恥ずかしい」と思うようでは、士気にかかわります。劣等感で、勝負の前からなんとなく小さくなってしまうのです。

巨人が全盛を誇った当時、そのユニホームはプロ野球選手の「憧れ」だった。強さの象徴であると同時に、収入や人気のシンボルでもありました。

生地もいいし、デザインも相当なもので、オールスター・ゲームで十二球団の選手が一堂に会しても、ひときわ目立った存在でした。

巨人の選手は、たとえトレードを通告されても「よそへは行きたくない」と渋る場合が多い。これにはユニホームへの愛着もあるのです。そのユニホームを着ていることによって、いろんな恩恵を受ける。それが誇りとなり、チーム愛にもなるわけでしょう。

阪急は昭和四十年代、どうしても日本シリーズで巨人に勝てなかった。当時、阪急の大熊忠義選手は、こんなふうにいっていた。

「ノムさん、巨人はほんま、カッコよろしいで」

「そんなことに感心してたらあかん。思い切って、つっかからにゃ。パ・リーグの代表で、ひとつ頼むで」

「そやけどねえ、やっぱりONはよろしいわ。なんぼ見とっても、ホレボレしまっせ」

長嶋茂雄、王貞治両選手が全盛で、まさに飛ぶ鳥落とす勢いだった。しかし、五十年の最下位で、巨人のユニホームは神通力を失ってしまった。その年のオールスター・ゲームで、王選手ら三、四人が出場したが、心なしか元気がない。周囲も「これが巨人か」と見ていた。

胸を張って着られるかどうか、ユニホームにはチームの勢いがそのまま反映する。「どうだ」という感情が「愛着」につながります。選手だけではありません。ファンも同じです。みんなが「愛着」を持ってくれるようになればシメタものです。

ユーモアも戦力です

チームへの愛情を育て、プライドを持たせる――。それが集団を強くする要素ですが、それに活力を与え、柔軟な運動を起こさせるのはユーモアの精神だと思う。

ナポレオンは「人間を動かす二つのテコがある。それは恐怖と利益である」といいました。私は、この二つに「尊敬」を加えたいのです。「恐怖」は、現代では「厳しさ」と置きかえてもいいのではないでしょうか。権力や肩書（恐怖）だけでは、決して長つづきするものではありません。リーダーは「利益と尊敬と少しの恐怖」で組織を動かしてゆくべきで、その潤滑油が「笑い」（ユーモア）なのです。

日本では、大事なときや緊張しているときに笑うのは、不まじめとされています。もちろん、笑いながら投げたり、打ったり、走ったりはできません。しかし、ベンチの中は明るくなければいけない。

とくに、自軍が不利なときや、接戦で苦しいとき、ユーモアたっぷりのヤジは味方をリラックスさせ、勇気づけてくれます。

第一、うつむいたり、体を小さくしていては、笑えないでしょう。顔をあげ、胸を張り、姿勢がよくなるだけでも、笑いのは効用はあります。

タイミングよくユーモアのあるヤジを飛ばして、ベンチに笑いを起こしてくれる選手は野球センスも一流のものを持っている。人を笑わせるとか、明るいムードを作るというのは、消極的な性格では無理です。だから、明るいベンチには、少しぐらいの失点ならはね返すだけの活力があります。

第三章の『セールスポイントの確立』で紹介した大塚選手は、その典型でした。左投手用の代打要員としてヤクルトから獲得したのですが、バッティングよりユーモアのセンスの方が抜群だった。年に数試合しか出場しないのに、一軍登録選手二十八人の中に加えていた。彼も期待に応えてくれました。勝っているときはいいのです。ムードもよく愉快なヤジが勝手に飛び出す。問題は、負けているときです。

試合途中で交代した投手は、好投とかKOにかかわらず、ベンチから出すようにしていた。だから、負け試合のとき、KOされた投手はいません。しかし、打てない選手、守備や走塁で失敗した野手は残っています。どうしてもしょんぼりして、つい、お通夜のようになってしまう。こういうとき、大塚選手の楽天的な明るさがものをいうのです。

私自身もダシにされたことがある。追撃機に凡退し、ホゾをかむ思いでベンチへ引きあげた。誰ひとり言葉が出ません。そこへ屈託のない声が飛んできたのです。

「監督でも、やっぱり打てないんだね。こりゃダメだね」

「ン？」

私はキョトンとしています。声の主は大塚選手でした。つづいて、やっつけられた。

「監督みたいな高給取りが打てないんじゃ、ほかの誰が出ていってもダメさ。みんな気楽に行っといでよ。打てなくて当然、ヒットが出りゃ監督賞ものでしょ？　ねえ、監督」

思わず、誰かが「クスッ」と笑って、あとは大爆笑でした。大塚選手はそこで、もうひと声出すのです。

「さあ、行ってみよう。相手の投手も、まだまだ勝ったなんて思ってないさ」

こんな、ちょっとしたことで選手は勇気づけられる。笑いが起爆剤となって、追いあげムードが高まってゆくのです。

味方がリードしているとき、逆に相手のベンチが活気づくときがある。元気な声や何かしら自信に満ちた声が出てくる。そういうとき、マスクをかぶっていても、なんとなく落ち着きません。イヤなものです。追いたてられるような感じがしてくる。

私だけではなく、守っている他の選手も、向かい合ってベンチに座っている選手も感じているようです。そうなると、浮き足だって思わぬエラーが出たりする。緊迫感も大事だが、同じ程度の比重でユーモアも必要だと思う。眼を三角につり上げているだけでは、うまくいきません。

「ユーモアが勇気を与えてくれる」というのは、ユダヤ民族を見るとよくわかるといわれています。彼らほどユーモアの精神を尊ぶ民族はいないそうです。ローマ帝国にイスラエルを滅ぼされてからナチ・ドイツまで、迫害の歴史だった。その逆境をはね返してイスラエルを再建したエネルギーの一つが、ユーモアを尊ぶ精神でした。その何分の一かでもいいと思う。私たちも「笑い」を浄化作用に利用したいものです。

四軽・二重・一信

ベンチに笑いを提供する大塚選手には、たとえ試合に出場しなくても、それなりのプラス点が与えられた。彼が代打で一安打するのと同じくらいの価値があった。

この評価が、大きいのです。契約更改のとき、ベンチ内での働きがキチンと考慮されていれば、翌年も自分の「特性」を積極的に活かそうとします。大塚選手のユーモアのセンスが、士気を盛りあげた。「ありがたいことだ、よくやってくれる」だけでは意味がない。それが年俸にはね返って、初めて能力としての評価になります。

それが、はっきりとわかれば、最初は特性だけで何気なくやっていたとしても「これも評価の対象になる」と喜びが生まれ、さらに努力し、工夫することでしょう。

中心打者でも、守備が悪ければマイナス点がつく。義務づけられているバックアップを怠ってもチェックする。その代わり、たとえヒットが打てなくても、チームプレーをしっかりやっていれば、それなりの評価をする。その姿勢が、集団を動かすことになるし、「自分は打つだけでいい」という中途半端な考えをなくすことになります。一人一人の選手が、視野を広く持ち、野球を広角的にとらえてくれるようになる。それが積み重なっていくうちに、黙っていても精密なチームプレーをする選手がふえてくるのです。

南海で二番打者として定着させた桜井輝秀選手の場合、打率は評価の対象からはずしました。走者を進めれば、ヒットと同じプラス点を与えてやる。「ヒットは必要ない」と思えば、気持ちに余裕が生まれる。そうなると、かえってヒットも打てるもので、その年は二割八分台の打率をマークしたのです。

佐藤道郎投手（前・中日二軍監督）を、入団一年目でリリーフ専門にしたときも、評価の仕方を変えました。投手は誰でも、先発したい、完投したいという気持ちが強い。しかし、チームにはリリーフ投手も必要です。七回から登板して勝利に貢献すれば、先発して六回まで投げて勝利投手になったのと同じプラス点を与える。リリーフでも年俸が上がるシステムにしたのです。

中国の武将・呉起のいう「四軽・二重・一信」は、適正評価を考える上で、大いに参考になりました。

「四軽」とは、職場のムードづくりです。①能力が自由に出せる　②先輩、後輩といった部下の人間関係にこだわらない　③しきたりや習慣にこだわらない　④技術改良はどしどしやらせる。

「二重」とは、信賞必罰です。どんな小さなことでも、チームにとってプラスかマイナスかをきちんと評価する。

「一信」とは、信頼関係です。

この中で、もっとも大切なのが「二重」であると思います。主力選手だからといって、手心は加えない。逆に、一軍半の選手でも、いい点は見逃さない。私の工夫した

システムで、一五〇を超す項目によって一試合ごとに採点し、適正評価に結びつける。これが「一信」につながるのです。

適正評価をすることによって、選手はリーダーの狙いを十二分に理解してくれるでしょう。そうなれば、ベンチ入りしている二十五人の選手を一体とした野球が、できるのです。

「特訓」の効用と限界

選手の能力、プレーを正しく評価することは、選手に自覚をうながします。首脳陣が何を求めているかをわからせる、第一歩ということです。

そこから、勝利への意欲、執念が芽ばえ、チーム愛も育つ。プライドも生まれます。そうした状態になれば、キャンプで一シーズンに一度か二度しか起こらないようなプレーを練習しても、選手は真剣に取り組むでしょう。チームは、ますます強くなってゆくわけです。

適正評価こそ、いい環境づくりのスタートです。どんな選手でも、それなりの能力を持っている。それを見つけて、買ってやることです。そうすれば、身を入れて野球と取り組む。集中力も生まれてきます。

「集中力をつけろ」と、何万回繰り返してもダメです。自分の能力を活かすためには、選手はそれぞれ工夫し、神経を研ぎ澄ます。集中力は、そこから生まれるのです。

団体スポーツでは「声を出せ」といいます。しかし、ただ声を張り上げているだけでは、意味がない。なぜ、声を出すのか、認識する必要があるのです。味方を励ますのか、注意を喚起するのか。それによって、声を出すタイミングは変わってくるし、言葉も選ばなければならない。それを考えることによって、集中力が生まれるわけです。

キャンプで、内野陣が猛ノックを浴びせられることがある。いわゆる特訓です。「タマぎわに強い」選手になるために、やるそうです。それでは、「タマぎわに強い」

というのは、どういうことなのか。たとえば、二死一、二塁で三遊間を抜けようとする打球が飛んでくる。一番深いところで、遊撃手が追いついて捕球した。これが「タマぎわに強い」ということです。もし、外野に抜けていれば、二塁走者がホームインして一点失う。しかし、遊撃手がとめたことで満塁となり、もう一度勝負できます。しかし、野手がヘトヘトになっても、ノックは終わらない。すぐ横に転がったゴロさえ捕れなくなる。

「どうした、そんなことじゃ投手は安心して守れないぞ」

ノックするコーチがハッパをかける。しかし、これは間違いです。試合では、こんな疲れた体では守備につかないでしょう。最高のコンディションで守っていれば簡単に捕ってしまう。それができないのは疲れ切っているからです。この練習は、何を意味しているのでしょうか。

練習には、二つの目的があります。一つは体力づくりであり、もう一つは技術の習得と向上です。体力づくりのためには、選手がへばってしまう猛ノックも必要だが、技術の向上は疲れた体でやっても、大してプラスになりません。あと一歩で捕れそうなゴロを捕るようにするためには、正しくて軽快なフットワークとシャープな体のキレが要求される。それには、新鮮な頭脳と、それなりの体調がないと消化できないと思う。

その点が、誤解されているようです。たとえば、現役時代後半、四十代の私はバットスイングが鈍くなってくる。だからといって、やたらに素振りをしても効果はありません。スイングの土台となる下半身を強化しなければ、体力的に衰えたスイングは維持できないのです。アメリカの海兵隊では、一つ単位の訓練は七十分以上しないそうです。七十分やって十分休む、その繰り返しです。

トレーニングの方法論も時間の感覚も、実に合理的なのです。人間の集中力には限界があることを見極めて、訓練をシステム化しています。

昭和五十四年、大リーグのワールド・チャンピオンになったピッツバーグ・パイレーツのターナー監督は、キャンプで三十分以上同じ練習をしなかった。たえず頭脳と体のコンディションを新鮮にしてトレーニングさせるため、練習プログラムに工夫をこらしている。やたらに体をいじめるというような、意味のない練習はしなかったのです。集中力の限界を知らなければ、密度の高い訓練はできないのです。

練習の時間が長いのと練習の密度が高いのとでは、西と東の方角くらい、違ったことなのです。それなのに「日本的特訓」はえてして「ヘトヘトになるまでやる」内容が多かったように思う。

発奮剤を与える●力を発揮させるには

有効な一言

男にとって、腹に響く一言というのがあります。理屈抜きに、ズシンとくる。いろんな説明は、いらないのです。その一言だけで「よし、この人のために」となってしまう。

打者としても捕手としても、あるいは監督としても、私はいろいろな現象をシステム化してとらえてゆくのが好きでした。そんな私にも、理屈抜きで「よし、この人のためなら」と考え、実行したことがあるのです。昭和四十四年十一月、三十四歳と五か月で選手兼任監督を引き受けたときでした。このシーズン、南海の監督は鶴岡一人氏から飯田徳治氏に代わったが、私を含め主力選手の故障や不振が相次ぎ、球団初の最下位に転落した。飯田さんは、わずか一年の監督生活で終わりました。そのあと誰が監督をするのか、いろいろと論議されていました。

そのシーズン、私は初めて不振に悩まされ、最悪のまま終わりました。打率二割四分五厘、二十二本塁打、五十二打点とみじめな成績だった。八年連続して守っていた本塁打王の座を失い、打点は三十一年にレギュラーになって以来、最低でした。年齢的にも体力的にも、プロ入りして最初のピンチを迎えたという気持ちだったのです。

「こんなことでは、ズルズルと下降線をたどってしまう。なんとか、来年こそ……」

改めて自分にムチを入れ、不調だったシーズンのチェックに取りかかっていた。秋のトレーニングのポイントを知るためでした。担当記者から後任監督の適任者について聞かれたり、私の名前も候補にあがっていることを教えられたりしましたが、ほとんど興味はありませんでした。不甲斐ないシーズンに終わった四番打者として捕手として、反省材料ばかりが気になっていました。

そんなとき、当時の球団社長だった新山滋氏から「会いたい」と連絡が入ったのです。用件は、監督就任の要請でした。

「是非、君に頼みたい。なんとか、引き受けてほしい。もちろん、選手としても中心になって引っ張ってもらわなきゃいかんが……」

四番で捕手、その上に監督も……。一人三役です。当然、私は断りました。

「その話は勘弁して下さい。来年は、選手として勝負がかかったシーズンになると考えているのです。そのことで頭がいっぱいで、監督までやるなんて、とても無理です。第一、若すぎます。まだ三十四歳と四か月なんですよ」

　固辞したにもかかわらず、今度は川勝伝オーナーから、直接、面談を申し込まれた。

「申しわけありませんが、誰か他の人を探して下さい。私は、選手として精いっぱい、協力させていただくつもりです」

「いや、野村君、君の気持ちもわかるがね。どうしても、引き受けてもらいたい。南海の監督は、他におらん。私もいろいろと考えたが、君しかいないのですよ。四番を打って、キャッチャーで、その上に監督というのは苦しいと思うが、是非、引き受けてほしい。たとえ、最下位になっても、かまわない。お互いに、新しい南海を作っていこう。私もできるかぎりバックアップをするから」

　オーナーから、これだけ誠意をこめた要請を受けて、なお固辞するわけにはいきませんでした。

「それでは、もう一度、考えてみます。一週間、すべてを白紙に戻して考えさせて下さい」

　そう答えて、川勝オーナーのもとを辞去しました。それから一週間というもの「監督」と「選手」の二つの立場の間を堂々めぐりでした。「監督を引き受ければ、選手としては終わり」という気持ちが強かった。

〝二兎を追う者は一兎をも得ず〟といいますが、私の場合は二兎どころか三兎（監督、捕手、四番打者）だった。

しかし、「君しかいない」「新しい南海を作ってほしい」「最下位になってもいい」――そんな川勝オーナーの言葉が、ついに〝火中の栗を拾う〟決心をする決め手になりました。

当時の南海は、三十九年からの三連覇のツケがまわった感じで、すっかり弱体化していました。兼任監督というのは、中途半端に終わる危険もありましたが、覚悟を決めたのです。

八年後、私は監督を解任されました。しかし、川勝オーナーへの気持ちは、少しも変わりません。あのとき、一人の男として信頼を受けとめたからでしょう。八年間の経験は、苦しいこともありましたが、人間としてだけではなく選手としても大変プラスになった。

「自分が先頭に立ってやらなければ」の思いが、かえって選手生命を延ばしてくれました。四十五歳までプレーできた要因の一つに、兼任監督としての八年間の経験も作用していると思います。

「君しかいない」をいうとき

「君しかいない」という言葉には、論理的な裏付けはありません。しかし、私の場合がそうであったように、人間を発奮させる起爆剤になります。ときには、論理的な言葉より有効だと思います。

ただし、現場のリーダーが、これを連発していたのでは、戦闘には勝てません。私が監督として、もっとも気をつけたいことは、選手に対しては「具体的な指示を与える」ということでした。それが責任者の心得ではないでしょうか。

たとえば、元巨人の江川卓投手（現・評論家）について考えてみます。「スピードがあるぞ」とか「コントロールがいいぞ」というアドバイスは、打者にとってなんの意味も持ちません。問題は、「スピードがある」「コントロールがいい」江川投手を、どうやって攻略するか、なのです。

昭和五十五年三月の巨人―西武オープン戦で、私は江川投手と対戦する機会がありました。自分が打席に入ったのは三度だけでしたが、その他の西武の選手に対するピッチングも含めて、ある傾向を発見しました。

このときの彼の投球は、ほぼ完璧でした。それでも、ひとつ悪いクセがあった。第一ストライクは比較的甘いコースに入ってくる、ということです。コントロールがいいので自滅を期待するのは無理です。

ただし首脳陣は「第一ストライクを積極的に狙え」という具体的な指示を与えることはできる。もっと突っ込めば、一球目からストライクを投げてくるとき、0－1、0－2のカウントからストライクをとるとき、カーブなのかストライクなのか、もっと細かい傾向が分析できるかもしれません。そういったデータまで手にしている場合なら、「第一ストライクを狙え」につづいて、「ストレート狙いでいけ」というように、打者ごとの指示も与えられるでしょう。

私は『シンキング・ベースボール』（THINKING BASEBALL）をキャッチフレーズにしていました。「一歩先を考えてプレーしよう」ということです。野球に取り組む姿勢として、たえず状況を考える必要があると説いたのですが、いろいろ考えた末、選択するのは一つだけです。とくに首脳陣が、考えたことをすべて選手に伝えていては、混乱を招くだけです。

ある球団の話ですが、こんな例があります。打撃コーチが、打席に入ろうとする選手を呼びとめた。そしてこういうのです。

「あの投手は調子がいいぞ、気を引き締めてゆけ。ストレートは走っているし、カーブもキレている。いいか、気をつけろ、追い込まれるとフォークボールもあるからな」

　まさか、と思うでしょう。しかし、実際にあった話なのです。何度となく、こんな〝指示〟が出たそうです。これでは、選手がたとえ「ストレートを狙おう」と決めていても、迷ってしまってどうしようもない。並列列挙の悪い見本です。

「気をつけろ」あるいは「思い切ってゆけ」では仕方がない。何に気をつけるのか、どう思い切るのか、選手はそれを知りたがっている。その欲求を満足させられないようでは、スタッフとはいえません。

　あるいは、ピンチで強打者を迎えたときに、「くさいところをついて、カウントが悪くなれば歩かせろ」などというのも、指示を与えているようで、決して指示になってはいません。

　こんな指示を与えるリーダーに限って、打たれたりすると、「歩かせろといってあったじゃないか」と責任を押しつける。勝負するのか、しないのか、はっきりした指示を与えられないようでは、不信感が増すだけです。

　威勢のいい指示を与えているようでも、こういった情緒的フレーズを連発しているケースは多いものです。リーダーが、自分で自分の首を絞めているようなものではないでしょうか。

ミーティングで何を教えるか

選手には、試合の状況に応じて具体的な指示が必要です。「こんなことは知っているだろう」「言わなくてもわかっているだろう」と考えるのは、よくありません。どんな細かいことでも、「わかっていると思うが」と前置きして念を押し、指示を与える。大事な局面ほど、それが大切です。優秀な監督かどうかは、うるさいと思われるほど具体的に念を押せるかどうかで決まる――といっても、過言ではありません。

その指示を、もっとキメ細かく徹底させるのがミーティングです。これには、いろいろな種類があります。まず、スタッフだけのもの、選手へのものと大別される。選手に対するミーティングは、キャンプで行うものと公式戦に入って行うものとの二種類です。

キャンプ中のものは、チームの目標と基本方針の徹底が狙いです。新しいサイン・プレー、カット・オフ・プレー、フォーメーション・プレーなどを細かく選手の頭に叩き込む。

公式戦で行うのは、新しい相手と対戦する前です。ペナントレースは三連戦システムで、次々と新しいチームと対戦してゆく。相手が変わるたび、偵察スコアラーが集めたデータをもとに最新情報で相手チームを浮きぼりにしてやる。投手には相手打者の分析、野手には自軍の各投手による守備位置の確認、相手投手の攻略法の提供です。

この二種類のミーティングは、それぞれ目的が違う。キャンプ時に行うのは「戦略」の徹底であり、公式戦に入って行うのは「戦術」を知らせることになります。旧陸軍の兵法家といわれる石原莞爾《かんじ》中将は「戦略」と「戦術」を、次のように分類している。

「戦略は、作戦地における武力の運用」
「戦術は、戦場における兵力の運用」

これを野球に置きかえると、「作戦地」はペナントレースであり、「武力」はチームの総合力です。また「戦場」はグラウンドだし、「兵力」は選手個々の力ということになります。スプリング・キャンプでは、一シーズンの「戦略」をたて、選手個々の力をアップさせると同時に、チームの方針を十分に理解させておかなければなりません。それが昼の練習であり、夜のミーティングです。

リーダーが、この一シーズンをどんな野球で乗り切ろうとしているのか、選手に知らせるわけです。いわば、意欲を示す場であります。だから、監督就任した直後というのは、何日でもミーティングをやりたいと考える。また、やる必要がある。ミーティングがなければ、選手には新監督の狙いがわからない。これでは、満足にペナントレースを戦えません。少なくとも三年間は、自分がやろうとする野球を、繰り返して選手に教える必要があるわけです。

ただし、注意しなければならないことが、一つだけあります。選手は練習で疲れている。ミーティングがマンネリ化してしまってはダメです。毎日やるなら、せいぜい三十分までです。それ以上、選手を拘束すると集中力がなくなり、理解力も低下する。テーマは一つだけ、三つも四つも一度に取り上げていては頭に残りません。サイン・プレーなら、それだけ。翌日はカット・オフ・プレー、そして次の日はバント・シフト……メモを取らせながら、理解させてゆくわけです。

その基本姿勢は「小さな失敗ほど、厳しくチェックする」ことです。前夜、バックアップについてミーティングを行った。翌日の練習でミスが出た。グラウンドの注意だけで済ますより、もう一度、ミーティングで徹底した方がいい。なぜ、失敗したのか。それが、どんな影響を及ぼすのか、バックアップの目的は何か。たとえ五分間でも、復習するべきです。「不注意だった」で済ませては、進歩がない。練習する意味がないのです。

野球は「小さなプレーの積み重ね」です。小さな、なんでもないようなプレーを、一つ一つ正確に積み重ねなければ「一勝」に結びつかない。キャンプだからといって、小さな失敗を「うっかりしていた」とか「本番になれば」と許していては、大事なところでそれが出てしまう。

「戦略」とは、一シーズンを展望することと同義語です。「一勝」を支えている小さなプレーの失敗を見逃していては、百三十試合を悔いのない状態で戦うのは不可能です。キャンプにおけるミーティングとは「小さな準備が、大きな失敗を防ぐ」ことを、徹底させるところから始まるわけです。

お天狗《てんぐ》屋の取り扱い

「じゃ、ボクはホームランを狙います」

こう返事されたときには、さすがに面喰らった。それがプロ入り二年生だったので、驚きは尚更でした。

かつて南海の中心打者として活躍した門田博光選手です。天理高校から、ノンプロのクラレ岡山を経て、昭和四十五年にドラフト二位で入団してきた。当時、二十三歳でした。

どうしても、三番を打てる打者を育てたいと考えていた私は、スイングがシャープで、ミートもうまい門田選手に白羽の矢をたてたのでした。

中距離打者として、打率三割はもちろん、ホームランも二十五本から三十本近く打てる素質を備えていた。そこで、四十六年のキャンプで「三番を打て」と指示を与えたところ、いきなりホームラン宣言をされてしまったのです。

「三番を打たせるつもりなら、ホームランを期待しているんでしょう」

「もちろんや。けど、お前の力なら、狙わなくても打てる。自分の力を信じてやれば、ええのや」

「いえ、ヒットなんて、いつでも打てます。ボクのバッティングで足りないのは飛距離です。ホームランは狙わないと打てません」

これは、大変なことになったぞ、と思いました。門田選手は、一度こう決めたら、テコでも動かない。まったく頑固者です。彼がいうような、ホームランを狙ったバッティングをすれば、余計な力が入ってフォームを崩してしまう。大リーグで実績がある選手でも、日本で失敗するケースが多いのは、そのためです。ストライクゾーンの違いとか、変化球の多い日本の投手についてゆけないのと同時に、球場が狭いため、ついホームランを狙って自分のバッティングを見失ってしまうからです。

門田選手も、同じ失敗をしそうになった。オープン戦ではオーバースイングが目立ったのです。そこで、一計を案じました。巨人とのオープン戦を待ちかねて、王選手(現・ソフトバンク監督)とのバッティング談議を門田選手に聞かせたのです。

「ワンちゃん、ホームランは狙って打つのかねえ。狙ったこと、ある?」

「今更、何をいってるんですか、ノムさん。狙ったことなんか、一度もないですよ」

「そうやなあ、狙って打てるもんなら、ほんまにラクやけどね」

「ここは一発がほしいとか、打ちたいと思うときは、お互いあるでしょうけど、自分を信じてスイングすることが大切でしょうね」

「それが、いい結果につながるもんなあ」

「そうですよ、会心のバッティングを心がけることですよ」

王も、私の狙いがわかってくれたらしい。横にいる門田選手に聞かせるように、打者の心構えを話してくれた。「シメシメ、いいぞ」と思いながら、王との話のあと、門田選手の反応を確かめました。

「どうや、ワンちゃんも同じことを考えてるやないか」

ところが、どうです。門田選手は、こういうのです。

「王さんも、監督とグルでしょう。頼んで、あんなふうに言わせたに違いないんで

す」

まったく、取り合ってくれません。そこで、もう「ホームランは狙うな」というのはやめにしたのです。その代わり、門田選手が反発するように、徹底して仕向けていった。逆手を使ったのです。「カド（門田）、そんな格好で打ってたら、三割なんて無理や」とけなす。すると、スイングを小さくしてヒットを狙いにいく。クリーンヒットを打って「どんなもんです」という顔をするのです。そのうち、ホームランも出る。

それでも、ほめません。逆に「二線級ならホームランも打てるわ」といってやる。彼はカッカして打席に向かいます。凡打や三振しても黙っているが、打つと必ずチクリとやる。

「こんな相手じゃ、打って当たり前やなあ」

「あんなピッチャーなら、誰でも打つがな」

少しずつ回数は減らしたが、それでも水をかけるケースは多かった。多分、その年の門田選手は毎打席のように怒り狂っていたでしょう。それでも見事に、打点王のタイトルを獲りました。

しかし、あまりしつこくやりすぎたのか、翌年とうとう門田選手の怒りが爆発したのです。

「ボクは、信用されていない。こんなことなら、トレードに出してほしい」

スポーツ紙にも書かれ、〝造反〟といわれた。かといって、手の内を明かすわけにはいかず、苦しい思いをしたものです。それでも、監督を解任されたとき、最初に来てくれたのが門田選手だった。「いろいろとお世話になりました。本当にありがとうございました。これからも、頑張って下さい」

なんのてらいもなく、こういってくれた。門田選手も、その後、打者として選手として成長しながら、私の考え方、やり方を理解してくれていたのです。誰にでも、こんな方法は使えない。しかし、門田選手には適していたと思う。彼の澄んだ眼を見ながら「あ、自分のやり方は間違っていなかった」と改めて思い直したものでした。

裏方さんへの感謝

門田選手の感情を逆なでするのを知りながら強引に接していった。なにがなんでも、中心選手に育てたいと考えたからです。

チームは、一人だけでは成り立ちません。しかし、彼はフットボールやバスケットボール、バレーボール、あるいはホッケーなどでいうポイントゲッターです。働いてくれなければ、チーム力は半減するのです。十二分に力を発揮してくれる、よく打ってくれる——それが本人の収入を増やし、チームを勝利に結びつける原動力の一つとなる。そのためには、どうすればいいか、考えたのです。そして、彼の性格を利用して、つねに緊張感を与えピリピリした状態に置こうとした。私と門田選手の仲が、ある程度気まずくなるかもしれないと承知しながらやったのです。しかし、仲よくやって働いてくれないより、少しぐらい気まずくても、バリバリやってくれた方が私にもチームにも、そして本人にもプラスです。

しかし「怒らせる」方法は、門田選手一人にしか使わなかった。逆に、ベンチに埋もれてムードを盛り上げたり、相手のクセを見つけたり、サインを盗んだりしてくれる選手、バッティング投手やブルペン捕手、あるいはマネジャー、トレーナー、スコアラー、スカウトといった人たちには、必要以上に神経を使いました。

彼らは裏方の仕事です。決して光が当たることがないのです。しかし、いてくれなければ、チームは成り立たない。それどころか、彼らの仕事ぶりは、すぐにチーム力に響いていきます。

目立たないからわかりにくいが、その仕事の一つ一つは、本当にチームの死活を握っているのです。マネジャーが手を抜けば、練習場の確保さえ満足にできない。トレーナーは、車の整備工場のようなものだし、スコアラーの集めるデータは相手を攻略するのに欠かせません。データのない野球など、嵐の中を無線なしで飛行するジェット機のようなものです。

かつて王には、専属のバッティング投手として〝恋人〟といわれる山口投手がいましたし、長嶋茂雄にもかつて峰投手という専属がいた。その他、球界を代表するような打者には、それぞれ自分の球団に、ONの〝恋人〟と同じ立場の人がいます。裏方さんの大切さを知り、それなりの接し方をしているわけです。

私も、選手には「裏方さんに感謝の気持ちを忘れるな」と、くどいほどいったものです。チームの頂点には主力選手がいる。それを支えるのが脇役だし、さらに一軍登録をされている二十八人、ファームの選手がいて、土台を支えてくれている人たちがいるわけです。

陽の当たらない世界を支えているだけに、敏感に反応する人が多い。黙って仕事をしてくれるうちに、私たちの気持ちをすぐに察してしまう。私は、彼らにどうすれば生き甲斐を持ってもらえるかを考えていた。数字に表れる仕事ではないだけに「充足感」が仕事の内容に大きく反映する。生き甲斐を持って積極的に仕事に取り組んでくれれば、チーム運営は軌道に乗ったと同じことです。

持ち時間を終えた打撃投手には、「ご苦労さん、いいタマが来ていたよ」の一言でもかけることを忘れない。ちょっとしたことが、彼にうまいビールを飲ませることになり、翌日への活力源となります。スコアラーの提出したデータには丹念に目を通す。疑問があれば質問する。そのデータを活かす道を考える。ミーティングでは、スコアラーが提出したデータを必ず手に持って選手に話をするように心がけました。「きちんと見てくれている。試合に使ってくれる」となれば、気合の入れ方も違う。提出しても、見てくれているのか、検討してくれているのか、少しも反応がないようでは、情報収集にも身が入らないでしょう。

門田選手の場合と違って、裏方さんとは仲よくするように心がけ、感謝の気持ちを忘れないように接しました。そして、気分よく働いてもらう。本質的に、仕事の内容が違うからなのです。

判断し、決断する●リーダーでチームは変わる

SLと新幹線

かつてD51などの蒸気機関車が、私は大好きでした。勇ましくて、男らしくて、煙を噴き上げて走るようすは、見ていても惚れ惚れしました。

しかし、こと野球に関しては、蒸気機関車より新幹線の方が魅力的です。機能の問題です。SLは何台もの客車や貨車を引っ張って、自分の力だけで走りますが、新幹線は違います。

新幹線は、なぜ時速二五〇キロ以上ものスピードが出るのか。各車両にモーターがついているそうです。先頭車の運転席で操作すると、各車両のモーターが動く。だから、スピードが出るのです。

これを、野球に置き換えてみます。打線を見ると、一番から九番まで、それぞれがモーターを持っている。守備位置を見てみる。バッテリー、内野手、外野手、みんなモーターつきです。新幹線は、各車両とも同じ二四〇キロワットのモーターをつけて

いたが、野球の場合は各人各様です。打順によっても違うし、守備位置によってもモーターのワット数は変わります。

しかし、リーダー（運転士）がボタンひとつで操作してゆくのは同じでしょう。それぞれ、性能の違う車両をうまく動かしてバランスよく走らせ、チームとして得点力を高め、失点を防ぐわけです。選手を機能としてとらえ、フル回転させてゆく。リーダーのボタン操作の上手、下手が勝敗につながるのです。それが、いわゆる近代野球を脱皮した現代の野球というわけです。

東京駅を出発したとき（新大阪駅でも広島駅でもかまいませんが）は九台の車両だとします。この九両で完走できれば文句なしですが、なかには長距離（一試合）はニガ手な車両もあるし、左（打撃）と右（守備）の車輪が少しバランスを崩している場合もあります。上り坂に強いのもあれば、下り坂で力を発揮するのも、平垣路しかダメというのもある。

監督は、その性能を見極めて使っていかなければなりません。車両のネジがゆるみそうになっていれば、新しい車両と取り替えてやる。言うはやすく、行うはむずかしい仕事です。車両の性能を覚えて、いろんなケースに使い分けなければいけないからです。

昔は、蒸気機関車を一台つけておけば大丈夫でした。強力なクリーンアップ・トリオで打ち勝ったり、エースが投げ勝ったりしました。「チーム」ということを、あまりやかましくいわず、先頭を走る機関車の牽引《けんいん》力がそのまま、スピードになっていたのです。

私が南海の捕手で、まだ四番を打つ前のことでした。西鉄の黄金時代、ある一般紙の運動面で「稲尾が投げ、中西が打って、西鉄が勝った」という、試合の戦評を読んだ覚えがあります。他には何も書いていないのですが、稲尾投手のピッチングと中西選手のバッティングが頭の中に浮かび上がってきて、「これでは、相手もたまらないな」と感じたものです。それほど、機関車の威力は強大だった。各球団に一人か二人はエースがいたし、ホームラン打者もいました。

ところが、現代の野球では、それほど傑出した選手は見当たりません。作戦も多種多様になってきた。勝負を個人の力としてではなく、集団の力としてとらえているわけです。その方が「勝つ」という目的のためにはムラがありませんし、勝率も計算できる。

それだけに、個々の機能をどれだけうまくかみ合わせるかが、クローズアップされてきた。煙を吐き出して雄々しく走る蒸気機関車のロマンだけでは、通用しなくなったのです。

何を選択するか

勝負の選択には、二つしかありません。①安全策をとるか　②冒険（ギャンブル）策をとるかのどちらかです。

「野村さんは、ホームラン打者として活躍されたので、やはりスケールの大きな作戦が好きでしょうね」

よく、こういわれて、返事に困ってしまいます。勝負は生き物。その時々によって展開は違う。状況も異なっている。だから、一概に、こうだとは断言できないのです。仕方がないので、「私はホームラン打者でしたが、同時に捕手でもありましたからね。そのときに応じて使い分けています」と答えたものです。

よく考えてみると、これは答えになっていません。それでも、なんとなくムードが伝わるのか、一応は納得した顔になってくれました。もう少し突っ込んでいえば、私はホームラン打者であっただけに一発の不確実さを人一倍知っているし、捕手として強硬策の怖さも十分すぎる程、よくわかっているのです。

ますます、こんがらがってしまったようです。要するに、ヒットを連ねたり長打力を頼んだり、あるいはヒット・エンド・ランの成功を期待したり…という作戦には、つい悪い結果を想像してしまうのです。同時に、スクイズバントをやるのも、バッテリーにはずされたときのことを考えてしまう。攻撃でのイチかバチかという冒険策は、あまり好きではありません。大事な試合ほど、安全策でいくべきだと思うのです。

たとえば、日本シリーズなどのように、負ければ終わりという状況に追いこまれた試合で、一点負けている九回裏、先頭打者が塁に出たとします。この走者を盗塁王だった福本豊選手（現・評論家）と仮定した場合、作戦は三つ考えられる。①単独盗塁②ヒット・エンド・ラン　③送りバント。みなさんは、どの作戦を選択しますか。私なら、福本を走らせるぞと相手に見せながら、③の送りバントを採用します。一死二塁の一打同点の好機を作るわけです。もし、相手が盗塁を警戒してピッチド・アウトをしてくれれば、打者は四球で出塁する可能性も出てくる。

まったく面白味がないようですが、これ以外に考えられません。相手のバッテリーは当然、二盗を厳重に警戒するでしょう。走っても一〇〇パーセント成功する保証はありません。ヒット・エンド・ランも同じです。フライがあがったり、空振りする危険があります。もっと恐ろしいのはライナーで併殺です。そこまで考えていては、勝負できないという意見が出るかもしれません。しかし、そこまで取り越し苦労をしないと勝負はできないのです。だから、送りバント以外に選択の余地はない。

私は逆に、守りでこそ冒険すべきだと思っている。たとえば一点リードした終盤、無死一、二塁のピンチを迎えた。相手投手のデキからいって、追いつかれれば勝ち目がないようなとき、相手が送りバントをしてきた。ここは三塁送球以外にありません。しゃにむに三塁送球を指示する。ここは、同点にされれば勝ち目が薄い展開なのです。だから、勝負をかけてゆく。

攻撃面でも、何を選択するかは監督によって違います。チャンスを迎え、守備を崩しても攻撃をかける場合もあれば、ピンチに遭遇して攻撃を殺しても守りを固めるケースもある。人それぞれ、勝負の展開を読む角度が違うし、性格も野球観もある。あるいは人生観が影響する場合だってある。どの選択が正しいかは、勝利の女神だけが知っています。

「リーダーによって、チームが変わる」というのは、そういった選択と決断のためです。大リーグでは、シーズン中でもどんどん監督のクビのすげ替えをする。長い歴史の中で、リーダーとチームの関係を、よく知っているからだと思います。

しかし「何を選択すべきか」というテーマだけは、永遠に解決されないでしょう。

私は昭和三十九年、大リーグのワールド・シリーズを現地で見ました。カージナルス対ヤンキースの戦いは、三勝三敗で第七戦を迎えた。勝った方がチャンピオンです。同点の八回、カージナルスが無死一、二塁の勝ち越し機を作りました。ここで、四番打者のケン・ボイヤー（元大洋に在籍したクリート・ボイヤーの実兄）が、送りバントを決めたのです。そのあと外野フライ（犠牲フライ）で決勝点をあげ、優勝を決定しました。

パワーとスピードを競う大リーグでも、大事な場面では、やはり安全策をとっている。それも、四番打者にバントです。強打させる監督もいるでしょう。結果はどうなるか、誰にもわかりません。それが「選択」です。「リーダーでチームは変わる」という見本のようなものです。

マウンドで変わる男

勝負というものは「選択」の連続、その集大成であろうと思われます。

先発投手を決める。先発オーダーを作る。相手投手の攻略法を検討することも、そうでしょう。打席に入って、どの球種を待つか考える。これは、投手も同じです。何を投げるか考える。無死で走者が出た、さあ作戦は――。いろいろ考えた末、何もしないのも選択のひとつです。

野球だけではありません。どんなスポーツでもそうです。いえ、スポーツだけではなく、仕事を含め日常生活そのものが、私たちに「選択」を迫っているといっていいでしょう。

意識するか、しないかにかかわらず、何かを選んでいる。「選ぶ」ということは、同時に他の何かを「捨てる」ことでもあるわけです。『「君しかいない」をいうとき』のところで、選手に事実だけを並べたてるコーチの話を書いた。カーブもいい、ストレートもいい、フォークボールもある、気をつけろ――。このコーチは「捨てる」ことができなかったのです。

具体的指示を与えるためには、一つのことを選ばなければならない。そのとき、他のものを捨てる。これは勇気のいることだと思います。捨てることによって、残った一つを活かす。それが「選択」ではないでしょうか。

加藤秀俊氏が書いた『整理学』という本に、次のような一節があります。

「捨てるというコトバからゴミ箱のようなものを連想されては困る。われわれが一冊の本を本屋の店頭で買い求めるということは、それ以外の数千、数万冊の本を捨てたということにほかならない」

「選ぶ」という行為には、それだけの重みがあるのです。私は昭和四十五年、新人の佐藤道郎投手（前・中日二軍監督）をリリーフに回しました。日大のエースとして即戦力の評価が高く、ドラフト会議で「イの一番クジ」を引いて、彼を獲得したのです。それだけ即戦力として期待をかけた投手なのに、先発要員には入れなかった。先発組に余裕があったわけではないのです。それどころか、完投能力を持った投手は少なくネコの手も借りたい状態だった。

それなのに、佐藤投手を先発に入れず、リリーフに回した。先発ローテーションに入れておけば、確かに柱の一人にはなるでしょう。しかし、それでは三連戦の一勝しか計算できない。リリーフなら三試合とも使える、勝利への計算もある程度たつのです。そこで、先発組の強化は捨て、リリーフを選んだ。結局、それが南海そのものを生き返らせることになりました。

四十五年は、私の監督一年目でしたが、前年の最下位から二位に躍進することができた。佐藤投手は四十七試合交代完了（リリーフとして投げ切ること）の記録を作りました。五十四年に二十二セーブをあげて、ＭＶＰに選ばれた江夏豊投手（現・評論家）が五十試合交代完了です。当時はセーブポイントの記録などなかったが、江夏投手と比較した数字だけでも、佐藤投手のリリーフが大成功だったことがわかるでしょう。

この佐藤投手は、外見だけ見ていると、とてもリリーフ投手のタイプではありません。江戸っ子特有の淋しがり屋で、一人では練習できない。結果や防御率の数字ばかり計算してクヨクヨしている。登板前は神経質すぎるくらいデータに目を通し、打たれでもすると大きなショックを受けてふさぎ込んでしまう。そんな繊細な男だった。

リリーフ投手に必要な、「オレにまかせておけ」という気概など、まったく見当たらないのです。ところが、マウンドにあがるとガラリと変わってしまう。舞台裏での神経質なようすがウソのように気っぷがよくなる。相手の出方を読んで、向こう意気の強い思い切りのよさがピッチングに出るのです。

「神経質だし、ルーキーには荷が重い」と、佐藤投手のリリーフには反対の声もありましたが、私はマウンドの上で変わる佐藤投手に賭けたのでした。

責任感を持たせる

「財を残すを下、仕事を残すを中、人を残すを上とす」という言葉があります。プロ野球でも、名監督といわれた人たちは、いずれも、選手を育てるのがうまかった。やり方はそれぞれ違います。自分なりの方法で選手を育て、常勝軍団を作った。

私なりに考えると、選手を育てるのは「責任感を持たせる」ことだと思うのです。まず、「信頼する」ことから始めなければなりません。信じることによって、選手のヤル気を触発するわけです。「信じる」には「信用」と「信頼」がある。『広辞苑』によると、「信用」は①確かだと信じて受け入れること②現在の行為から考えて、将来、必ず義務を履行するだろうと推測し信認すること、とあります。だから、「信用」しても、時には裏切られる場合もある。しかし、「信頼」とは、文字通り信じ頼ることです。見返りとか反対給付を期待しているわけではありません。

私は入団五年目の昭和三十三年、シーズンの終盤に初めて四番を打ちました。西鉄の優勝が決まったあと、若手中心のオーダーだったが、「今日は四番だぞ」と言われたときの驚きは、今でも忘れられないことのひとつです。

三十一年にレギュラーの座を確保して、八番を打っていた。三十二年に三十本の本塁打を記録して本塁打王になりましたが、六番や七番あたりを行ったり来たりしていたのです。翌三十四年は五番を打ったり六番を打ったりして、本当の四番打者になるのはもう数年先のことです。いよいよ、四番打者として定着するようになったときのことより、三十三年の終盤に、わずか数試合ながら四番を打ったときの印象の方が強いのです。

「自分のバッティングは、もう、そんなところまで、きているのだろうか」と、自分の力が信じられなかった。うれしい気持ちの半面、テレくささ、恥ずかしさが先に立って、ドギマギした複雑な気持ちで打席に入っていました。

しかし、この経験が、それ以後の自分を支えたのも紛れもない事実です。それまではファームからあがって、ただわけもわからず夢中でやっていたのが、なんとなく周囲が見えるようになった。自分も中心選手の一人なんだと「自覚」が生まれてきた。「責任感」を持ってプレーするようになったのです。

私の経験からいえば、並みの選手が「責任感」を持って、初めて主力選手の仲間入りができる。さらに「自覚」が一流選手へ押し上げるエネルギーとなります。その底辺にあるのが「信頼感」といえるでしょう。だから、私も、選手を起用する場合、その点に十分な注意を払いました。

一、二番打者、クリーンアップ、あるいは下位打者、その打順によって役割があります。それをわからせた上で、信頼してまかせてやる。それが「責任感」となり「自覚」を生んでゆくのです。門田選手に、オールスター・ゲームでパ・リーグの四番を打たせたのも、そういった配慮によるものです。

「お前はもう、パの四番を打っても恥ずかしくない打者なんだ」

それを示すことで「自覚」を植えつけようとしたのです。それは四十九年のオールスター・ゲームでした。前年度優勝チームの監督が、それぞれセ・パ両リーグの監督をつとめる。だから、私は何か月も前から門田選手に四番を打たせることを決めていたのです。

実際、力そのものも四番を打ってもおかしくなかった。前年度優勝チームの三番打者です。門田選手は意外そうな顔をして、テレくささ半分という感じでした。それでも、その役割に応えようと努力しました。以前の私と同じです。恥ずかしくて、なんとなく居心地の悪い思いもするが、そこを通り抜けたとき、彼は一気に飛躍したのです。

無心と無欲

「信頼」が責任感を持たせ、「自覚」を促がす。その過程で、人間の「意欲」は大きく、限りなくふくらんでゆく。そこで、改めて考えさせられるのが、「無心」と「無欲」の問題です。

よく「無心で戦った」「無欲の勝利」という。だから「無心」と「無欲」は、同次元にあると考えられがちですが、まったく違うものだと思うのです。

人間に「無欲」はありえない。うまくなりたい、ホームランを打ちたい、強くなりたい、勝ちたい、豊かになりたい――さまざまな欲がある。「意欲」がなければ、人間に進歩はありません。しかし、その「意欲」が結果を気にすることになってしまえば、かえって逆効果です。

王貞治は「ホームランを打ちたい」と意欲に燃えていた。だが「ホームランを打とう」とはしません。「いいスイングをしよう」「ジャストミートを心がけよう」とする。それが集中力となり、驚異的な爆発力を生むのです。結果を考えず、「ホームランを打つ心構え」でスイングする。これが、世界の王の平常心だったのでしょう。そこに「無心」が生まれる。

秀吉は「勝つ勝つと思えば、勝つ」といったそうです。「勝とう」では、結果がチラついて気おくれするが「勝つ」という信念が、集中力につながる。

昭和四十八年のプレーオフ、南海―阪急戦が、ちょうどそれと同じでした。南海が前期優勝、阪急が後期優勝しての対戦だったが、南海は後期、阪急に十二敗一引き分け、一度も勝てなかったのです。もともと、二シーズン制は阪急が強すぎるのでシーズンを半分にすれば、他のチームにもチャンスがあるということでスタートした。そんな背景もあって、阪急が圧倒的に有利という予想でした。

南海の選手も、実はそう考えていたのです。「やはり、阪急の方が強い。前期優勝したただけでもいいよ」というムードだった。阪急の強さを認めてしまい、勝ちたいが勝てないだろうと考えていた。阪急コンプレックスです。監督としての私の仕事は、選手に「勝てる」という自信と意欲を持たせることからスタートした。

情報の徹底分析を、選手に示したのです。表面的な数字は必要ない。そんな数字には、阪急の優勢なことが出ているからです。「こうすれば、打ち込める」「こう投げれば、阪急の各打者を抑えられる」そのノウハウをデータとして提供しました。

たとえば、米田哲也投手(現・評論家)のフォークボールに手こずっていた。しかし、あまりフォークボールを意識すると、かえって、術中にはまってしまう。米田投手の切り札がフォークボールであるために、打者はそれがいつ投げられるか考えすぎて、狙いを絞り切れない。

しかし、盲点はあった。早いカウントではフォークボールは投げない。追い込まれてストレートがくれば、その次はほとんどフォークボールです。

その傾向から、

「追い込まれるまでは、フォークボールは考えるな」

「追い込まれてストレートがきたら、次はフォークボールを待て」

という〝フォークボール対策〟が考えられたのです。

この他にも、米田投手はフィールディングが苦手、牽制球《けんせいきゅう》がうまくない、とくに二塁けん制はほとんどできないという情報がありました。これらを具体的に、米田投手の攻略法として選手に与えたのです。その他の選手についても、個々に具体的な対策を与えてゆくと、選手の目の色が変わってくるのがわかった。

何度かのミーティングが、選手に意欲を植えつけたのです。「これをやれば、勝てる」という目標ができました。逆に阪急は、プレーオフの前から、日本シリーズで対戦することになる巨人にも目を向けていた。データを集め分析を開始していたのです。その姿勢が「勝たなければいけない」「勝ちたい」という意識につながった。南海が目の前の勝負に集中していたのに対し、阪急は結果を考えすぎました。

そのスキを突いて、南海の選手たちは見事に七年ぶりのリーグ優勝をものにしたのです。

第五章 敵は我に在り

開き直りとやけくそ●守りの美学

絶体絶命を切り抜ける

元世界ミドル級チャンピオンの輪島功一さんは「敵の裏の裏をかいて戦った」そうです。相手が自分と互角に近いか、あるいは絶体絶命の場に立たされたとき、この余裕がなければ、勝利を不動にするのはむずかしい。

「裏をかく」と、よく言いますが、この程度では通用しないときがあります。その苦境を切り抜けるために、「裏の裏をかく」のです。入念な計算ができていれば、あとは勝負だけでしょう。

昭和五十四年の日本シリーズの第七戦、九回裏無死満塁のピンチを切り抜けた広島・江夏豊投手（現・評論家）のピッチングは、「開き直り」以外の何物でもありません。技術的なことはすでに語り尽くされているので、詳しくは説明しません。近鉄の代打の佐々木恭介選手（元・近鉄監督）を三振に仕留めたときの計算された配球、つづく石渡茂選手のボールの見送り方でスクイズ・バントをマークした冷静な読みは、「結果はともかく、思い切って投げよう」という江夏投手の開き直りに支えられていたと思います。一度、すべてを捨て、そこからベストをつくす対策（裏の裏）を考えた。それが、絶体絶命の場から江夏投手を脱出させたのです。

よく、「開き直ってやれ」というアドバイスや「開き直ってやった」という話を聞きます。しかし、そのほとんどが開き直りではありません。何も考えず、夢中でやっているだけなのです。場面を考えても開き直る必要はなく、たいてい「やけくそ」と置き換えていいと思います。

「やけくそ」には、計算らしい計算はありません。単純な発想でがむしゃらにやったら、運よく成功したというだけのことです。

同じく五十四年の日本シリーズでは、広島が一、二戦と連敗しました。すると「今度は本拠地に帰ることだし、開き直って出直せ」という声が出た。これなど、「やけくそになって、やれ」というのとまったく同義語です。繰り返すようですが、「開き直り」とは、絶体絶命であとがないときの心構えです。このとき、広島は二連敗しているが、シリーズはあと五試合も残っている。まだ、一敗する余地が残されている。開き直る必要など、どこにもなかったのです。

広島がやらなければならないのは、一、二戦のデータをチェックし、敗戦を分析することです。勝機を探し出し、場合によっては作戦の変更も必要でしょう。さらに、選手をリラックスさせ、十二分に力が発揮できるよう配慮することです。あのとき、広島の古葉監督が「明日の戦いを第一戦と思ってやります」といったのは、まさに名言でした。

その第三戦以後を四勝一敗で乗り切って逆転した。三戦目から開き直っていては、こんな芸当はむずかしい。「開き直り」とは、その瞬間に自分の持っているすべてを出し切り、燃焼することなんです。

五十一年に行われた巨人―阪急の日本シリーズでも、江夏投手が迎えたのと同じような場面がありました。阪急が三連勝、巨人が三連勝して迎えた第七戦です。巨人が六回、2―1と逆転に成功し、なお一死満塁とつづいた。

阪急は、まだ三イニングの反撃を残していましたが、過去五度の対決で一度も勝てなかったこと、このシリーズも第六戦の五回で7―0としながら逆転負けしたことを考えると、あと一点でも失えば敗戦も同じです。阪急の足立光宏投手は、江夏投手とはまた違った意味で、〝あとがない場面〟を迎えていたわけです。

足立投手はこのピンチに、真ん中から低くシンカーを落とし、巨人の淡口憲治選手（現・ヤクルト二軍コーチ）を投ゴロ併殺打にとって追加点を阻みました。これが七回の逆転につながったのです。足立投手の武器はシンカーです。こういうとき、誰もが狙います。狙わせて、真ん中へ投げる。両サイドなら見破られるが、真ん中なら打者は一瞬ハッとするでしょう。シンカーを狙っていながら、つい直球と錯覚して振ってしまう。沈んだ分だけバットの下に当たっている。「裏の裏をかく」捨て身の一球といえるでしょう。

しかし、江夏投手も足立投手も、「開き直った」とはいっていない。いわないけれども、捨て身になって勝負し、絶体絶命を脱している。逆にいえば、「開き直った」とか「開き直れ」といえるうちは、死力をつくした場面ではないのです。

「破れかぶれ」を避ける

私の好きな言葉の一つに、「敗窮に勝機を知る」というのがあります。誰の言葉かは忘れました。土壇場のもっとも苦しいときにもあきらめず活路をひらけば、勝機が生まれるという意味ではないでしょうか。これが、開き直りの精神です。

江夏、足立両投手を例にあげて、土壇場を乗り切るのに必要なのは勇猛ではなく、冷静な計算の上に立った捨て身の精神であることを書きました。実は私にも、一度だけ開き直った経験があるのです。

昭和三十八年に五十二本の本塁打を打ち、それまで小鶴誠さん(故人)が持っていたプロ野球記録(五十一本塁打)を破ったときです。記録更新は、シーズン最終戦だった。十月十六日、二本打ってタイ記録とし、翌十七日の近鉄戦(大阪球場)を迎えたのでした。

しかし、一打席、二打席……とホームランは打てず、とうとう九回に打席が回ってきました。これが本当の〝最後のチャンス〟です。しかし、近鉄・山本重政投手の投球は一球、二球、三球と外角低めへストレートのボールがつづいた。とても、勝負してくれるようすはなかった。

山本投手の立場になってみれば、当然かもしれない。できれば避けて通りたいところでしょう。とはいっても、私だって必死です。黙って待っていては、四球目もボールになるのは間違いない。なんとか、その四球目に勝負をかけなければならないのです。

「一球も振らずに万事休す(四球)となるよりは、結果はともかくとして、フルスイングだけはしよう。それでダメだったら、諦めもつくではないか」

そう、自分に言い聞かせました。では、どのコースのどの球種を狙うか。そこで、それまでの三球を振り返ってみました。三球とも同じパターンです。あからさまに勝負を避けたかたちではないが、とにかく外角低め、遠くにはずして四球で歩かせる。

山本投手の意図がはっきり見えていました。一球、二球、三球と同じコースへストレートを機械的に投げている。捕手は座ったままなので、敬遠の四球とはいえませんが、それと同じことだったわけです。

この三球から考えて、四球目も同じところへストレートを投げてくるのは、ほぼ間違いありません。それを思い切って打ってやろうと考えました。山本投手が投げると同時に、左足を本塁ベース寄りに大きく踏み込んだ。外角いっぱいより遠いコースでもバットが届く態勢を作っておいて、フルスイングしたのです。

新記録を見ようと集まってくれたスタンドのファンの力もあったと思います。歩かせるムードを悟ったとき、不満の声が大きくなりました。そのために、近鉄バッテリーはかたちだけでもストライクに近いところへ投げなければいけなかった。私の狙いもそこにあったわけです。計算通り、バットのシンでボールをとらえることができた。打球は左中間スタンドへ一直線に飛び、ライナーのホームランとなった。

　こうして五十二本目を打ち、小鶴さんの記録を破ったのです。翌年、王貞治氏が五十五本の本塁打を打って、私の記録は更新されました。当時のパ・リーグの最多本塁打記録ですが、シーズンの最後の最後まで勝負を捨てなかった粘りと、自分の土壇場での読みが的中したことで、思い出深いものとなっています。

　よく「第六感」などといいます。これが、勝負師として最高のものだと思う。当てずっぽうの「ヤマ感」とは違うのです。「第六感」とは、執念のヒラメキなのです。相手を知り、己を知り、過去のデータを分析し、その状況に合わせて「よし、これだ」と出てくる。そのヒラメキが「第六感」なのです。だから、根拠がある。

「執念のこもったヒラメキ」と表現しましたが、「執念」というのは日常生活のすべてが凝縮されたものでしょう。研究、工夫、練習、努力……そういったものが土壇場での執念となり、瞬時のうちに一つの答えを見つけてくれる。それを、確固とした信念に基づいて実行に移す。それが「開き直ってやる」ということだと思います。

たとえ、結果が悪くても、明日へのプラスとなって残る。破れかぶれには、それがありません。「愚者の戦術」だからなのです。

ディフェンスの美しさ

六位、六位、五位、六位、六位、六位――。私の退団後の南海の順位です。兼任監督として最後になった昭和五十二年は、二位、三位（通算二位）だったのに、思いもかけぬ急降下です。五十三年は通算六位、五十四年は通算五位、五十五年は通算六位と、恐ろしいほど変貌してしまいました。

五十五年は前期の前半で調子よく「頑張っているな」と、古巣の活躍を見ていたのですが、打力の下降とともにトップグループから脱落してしまった。まったく淋しい限りです。

私は、監督としての八年間を、守り優先でやってきました。守ることが野球の根本であるというのは、私の持論なのです。打撃にはスランプがつきものですが、守備にはそれがない。鍛えることによって、コンスタントに力を発揮します。チームの状態が悪いとき、あるいは苦しいゲーム展開で力を発揮するのが守りなのです。

カンヌ国際映画祭グランプリ受賞作品『影武者』（黒沢明監督）の題材となった武田

信玄も、そのことを言っている。自分の死後、「三年間は喪を伏せておけ」というのは、攻撃をせず守りを固めろということでしょう。武田一族の大ピンチを、守り優先で切り抜けるように指示したのです。そうすることによって、後継者の勝頼が成長することを期待したと思われます。しかし、勝頼は三年を待たず織田・徳川連合軍に戦いを挑んで自滅してしまうのです。

会社経営についても同じことがいえるのではないでしょうか。『統率力の時代』の中で三神良三氏は、オイルショック後の二世社長による企業倒産の傾向についてふれています。それによると、彼らは「創業社長と同じように、あるいはそれ以上に積極的に拡大主義であった」という。

オイルショック以前の高度成長時代には、大量生産、大量販売が可能だった。少しぐらいのミスも帳消しにできたわけですが、低成長に移行してからは一度ミスをし、損失を出せば取り返しがつかなくなった。野球でいえば、打撃戦から投手戦に移ったようなものです。守りの強化こそ、勝敗のゆくえを決めます。

最近のプロ野球を見ていると、どうもこのあたりを勘違いしているように見えてなりません。もう少し、足元を固める必要がある。というより、苦しいからかえって〝薄利多売〟でもいい、という考えになっているようです。守備力より打力を優先してオーダーを組んでいるのです。

これでは、肝心のところで守り抜けない。逆転を許してしまう。負けがこむ、選手が萎縮する。こういった苦しいときこそ、守って、守って、守り抜いて現状打開を図るべきです。その点を、勘違いしているように思えてなりません。野球の在り方については、もう一度、詳しく書くつもりですので、ここでは南海の守備について、具体的に筆を進めます。

私が監督時代の南海とはガラリと変わってしまったと書きましたが、非常にすばらしい面が二つ残っていました。

当時、南海にいた河埜敬幸、定岡智秋両選手を軸にしたチームプレーです。

一つは中継プレー、もう一つは盗塁に備えたベースカバーです。両選手ともプロ球界有数の強肩で、外野へ飛んだ打球については、コースによって両選手をカットマンとして使い分けるよう、しつこいほど指導してきました。だから、左翼線、左中間の打球は定岡、右翼線、右中間については河埜と、外野手は必ず両選手へ返球して中継プレーを完成している。カットプレーは返球するベースの最短ラインを作り、無駄なく送球するわけですが、かつての大阪球場の上段、後楽園、西宮両球場の二階席から観戦すると、南海守備陣の合理的な陣型と送球はひじょうに美しかった。

もう一つのベースカバーについては、捕手のサインが出る一球ごとに二遊間の二人が打ち合わせして、どちらかがベースカバーに入るか決めていた。これをやっていたのは、当時、この二人だけでした。他のチームは最初に決めると変更なしというズサンさです。

こういったキメの細かさは、いま、どのチームにもありません。この二人の動きを見るにつけ、建築家の故・丹下健三さんの言葉を思い出します。

「美しいものは機能的である」

ということです。〝美しいもの〟の〝もの〟は、実は〝守り〟ではないかと思えるくらい定岡、河埜両選手の動きには無駄がなかったのです。

焦りは敵と思え

「石の上にも三年」なんていいますが、そんな生やさしいものじゃありません。カーブを打ちこなせるようになるまで、カーブとわかっていて、それでも打てないのです。右投手の内角から入ってくるのは、ボールに見えて腰を引いてしまう。それは、ストライクなのです。逆にストライクゾーンから逃げてゆくカーブに、つい手が出て泳いでしまう。

「野村には、カーブさえ投げておけば大丈夫」と相手には安心されてしまいます。逆に、首脳陣やチームメートからは「何度、同じことをやれば気が済むんだ」とあきれられる。それでも、まったくどうしようもないのです。打撃練習だと結構打ちこなすのに、いざ試合になるとダメだった。いまになって考えると、スイングにやたら力が入っていたのでしょうが、当時はそれがさっぱり飲み込めなかったのです。

ストレートを打つタイミングは、簡単にいうと「一、二、三」の要領です。カーブは「一、二の三」となる。「二」と「三」の間に「の」が入るか入らないか、それだけのことです。ところが、頭でわかっていても、実際にやってみるとできません。

よく、夢を見ました。白いボールが、体めがけて飛んでくる。ぶつかりそうになって、あわててよけるとストライクなんです。「よし」と思って打つと、ボールはパッと消えてしまう。まったく〝カーブのオバケ〟です。昼も夜もカーブにうなされ、ノイローゼの一歩手前でした。

おかげでよく三振させられました。プロ生活九、十年目（昭和三十七、三十八年）にも三ケタの三振を記録している。十年間で本塁打王四回、打点王二回なのに、このありさまです。昭和三十八年などは五十二本塁打を打った年なのですが、最多三振も記録している。王選手（現・ソフトバンク監督）など、入団二年目に三ケタ三振があるだけなのです。私は、よく飽きもせず同じ失敗を繰り返したものです。

それでも、自分の手法は変えなかった。「焦っちゃダメだ」と、たえず言い聞かせながら、カーブにきりきり舞いさせられていました。「勘忍は武運長久の基《もと》、怒りを敵と思え」というのが、家康遺訓の一節にあります。感情に溺れるな、ということでしょうが、当時の私にはピッタリの言葉でした。カーブに合わせるバッティングなどやらず、三振ばかりしていたのです。

結局、それがよかったと思います。目先にこだわったり、カーブを打てないことで焦ってしまっていては、大きく成長できなかったに違いありません。あれだけ打てなかったカーブが、十一年目から不思議に打てるようになったのです。どうしたきっかけがあったのか、今ではすっかり忘れていますが、経験を積むうちにタイミングが取れるようになり、泳がされなくなったのです。

十二年目の四十年、三冠王を手にすることができたのも、カーブが打てるようになったおかげです。大して才能があったとも思えないのに、なんとかそのレベルまでこれたのは、自分なりのバッティング・フォーム、タイミングをつかみ、それを忠実に守り抜いたおかげだと思っています。

いわば、基本を大切にしたということでしょうか。基本という点で、女優の高峰秀子さんの話に胸を打たれました。

自分の出演した映画の試写を見ていて、ある女優さん（故・杉村春子さん）の演技に圧倒される。自分が、セリフさえ満足にできていないと気づくのです。

「そりゃ、大変だ、発声から勉強しなくちゃ」と、二人の先生について発声法を習い出します。自伝風の『私の渡世日記』という本に書かれている話です。それが、すでに周囲も高峰さんを一流と認めている当時のことなのです。

それだけの女優さんが、改めて基本に戻ってやり直す。とても、できないことです。その態度が高峰さんのいろんな名演技になって結実しているのでしょう。どんな人生でも、急いだってしようがないんですね。焦らず、じっくり歩いて、その分いろんなものを吸収してゆく。私もカーブが打てなかった十年間を、少しも遠回りしたとは考えていないのです。

自分の武器を吟味すべし

平和な時代にも、武器はあります。私の場合はバットであり、ミットがそうでした。毎日接触している報道関係の人たちは、ボールペンや万年筆がそうでしょう。どんな職業についている人でも、自己を支える武器を持っているはずです。

一流といわれる人、いい仕事をする人には、共通項があるように思われます。自分の武器を吟味して選び、十分に手入れをして使っているということでしょう。私は、プロ入りして以来、小さな家ばかりですが何軒か建てました。そのつど、大工さんの道具箱を注意して見ています。カンナ、ノミ……きれいに磨かれて、ビシッと気持ちよく整理している人もいれば、あまり整理がゆき届かない人もいました。

「弘法、筆を選ばず」などといいますが、気持ちよく整理した道具箱を持っている大工さんは信頼できる。仕事ぶりもキチンとして、細かい心遣いもゆき届いていたように思うのです。野球選手も同じです。バットやグラブ、スパイク、ユニホームなど用具を大事にしない選手、手入れの悪い選手は大成しない。

一流といわれる選手は、自分の用具を吟味して、手入れも十分にしています。現役時代の長嶋選手が他の選手のバットで殊勲打を打った話は有名ですが、無造作に使っているようで実は違う。そのときの体調、相手投手の調子などを判断して、バットケースの中から自分の感触に合った「いいバット」を選んでいるのです。彼が天才だったから、できたことなんです。普通の選手は、決して真似《まね》することではない。

私は、いつも開幕前に七ダース（八十四本）をまとめて買い込んでいました。当時は日本製の用具が今ほど開発されておらず、バットも乾燥度が悪かった。それで、アメリカのルイスビル社製を使っていました。シーズン・オフに、アメリカへ帰る選手に頼んでおくのです。

三四インチ（八五センチ）、三五オンス（九九一・九グラム）の「K75」タイプに決まっていました。少しグリップが太めで、いわゆる長距離打者用とは違います。キャンプの終わりかオープン戦が始まる頃、貨物便で到着するのです。

そのバットを一本一本、手にとって調べてゆく。まず、木目《もくめ》を見る。きれいに整っていなければ失格です。握った感触、バランスを確かめる。こうして選んだあと、最後は指で弾いて乾燥度がいいか悪いか、内部に節《ふし》がないかを聞き分ける。

左手の人さし指と親指でバットのマークのあたりをつまみ、右手の手のヒラのつけ根の部分で、トンとバットを叩く。耳を近づけていると、一本として同じ響きはありません。乾燥度、木目、節などの関係で微妙に違う。「キーン」という澄んだ金属音が聞こえるのは弾きがいい。「ボーン」と濁った音がするのはダメです。

文字にすると「キ」と「ボ」の違いだけですが、性能は月とスッポン程の差がある。「キーン」という音の素晴らしいこと、消えるか消えないかというかすかすな音色が、耳の奥の方まで細く長く響いている。いくら見た目がよくても、持った感触が最高でも、「ボーン」という音がするのはダメです。実際に打ってみると、弾きは違うし、たとえシンでとらえても手に不愉快な響きが残るのです。ふるいにかけると、一ダース（十二本）に二、三本平均しか気に入ったバットは残らない。それを超A級（試合用）とすると、あとにA級（練習用）を残して、ファームの選手にプレゼントする。

超A級は、まさに宝物です。牛骨でボールをとらえる部分の表面を抑え、磨いてやる。現在では機械で圧縮していますが、それを自分でする。それだけに、一本一本に愛着があります。だから、折れたときの悲しさというのはたとえようがなかった。一流といわれた打者は、みんな同じようにしていたはずです。現在はスポーツ用具メーカーの努力で、日本製の品質は急速に向上しました。アメリカ製を上回るところまできているのです。欲しい用具が簡単に手に入る。それだけに、もっと吟味して使ってもらいたいのですが、いい品質の用具が豊富になって、かえって用具への愛着が薄れているように思えてなりません。

うまくやろうとするな●不器用賛成論

苦労は目標への道程

「苦労」とは、いったい何を指していうのでしょうか。プロ野球へ入ってからの五十四年間を振り返るとき、ふと、そう思うのです。「野村君、苦労が実ったね」と、よくいわれた。初めて本塁打王になった昭和三十二年から、五十二本塁打の新記録を作ったとき（三十八年）、三冠王を手にしたとき（四十年）、そして三十五歳で兼任監督を引き受けたとき（四十五年）もそうでした。

「テスト生時代の苦労が報われたね。小学校のときから新聞配達をして家計を助けたそうですね。若いときの苦労は、買ってでもしなくちゃいかん、というけど、本当にそうなんだねェ」

当時は、そんなものかな、と考えていました。そういえば、随分苦労したんだなあと受け止めていたものです。しかし、いま振り返ってみると「本当に、あれが苦労だったのかな」と首をひねってしまいます。確かに、小さい頃から家計は苦しかった。父は戦死し、兄と二人、病弱の母に育てられた。小学校のときから新聞配達をしたのも事実だし、母が入院したときなど近所に住んでいる亡父の戦友の家に預かってもらい、心細い思いもしました。

しかし、そんな話は、どこにでもある貧乏物語にすぎません。世の中には、もっと凄い苦労話がたくさんあるはずです。テスト生として南海へ入団して、昼も夜も練習に明け暮れたといっても、それは自分で選んだ道だった。

朝の十時から、中モズ（大阪・堺市）のグラウンドで練習が始まります。簡単な昼食をはさんで練習は夕方までつづく。一軍が大阪にいるときはナイターとかけ持ちの選手もいるし、一軍ベンチに入れない選手は夕食のあと自由時間になります。この時間に、合宿所の庭でバットを振った。遊びに出かける選手もいますが、それを見ても決して苦痛とは感じなかったのです。むしろ、夜の練習をしないでくれる方が有り難いくらいでした。

他の選手がやらなければ、自分はその分だけうまくなれる。負け惜しみでなく、「どうぞ、ごゆっくり」という気持ちだった。私は、人の三倍も四倍も練習しないとうまくなれない。心の底からそう考えていた。本当に不器用な選手だった。カーブを打ちこなせるようになるまで、十年かかったと書きましたが、高校を出て二、三年で自在に打ちこなせる選手が大勢いるのです。

私には、残念ながら、それができない。だからバットを振るしかなかった。夜、月を見ながらバットを振っている。「お月さん、なんでボクに芽を出させてくれんのや」とボヤいたこともある。情けなくて涙をボロボロこぼしながら、バットを振ったこともある。バットを振ってマメができますね、そのマメの下にもう一つマメができる。痛くて力いっぱい握れない。それでも振っていました。辛い日はあったが、苦しいとは思わなかった。

才能豊かな選手たちを相手に、なんとかやってこれたのも、よく練習したおかげだと思います。人間は一人前になるために、どうしても歩かなければならない道があるのです。その道程が短いか長いか、それだけの違いではないでしょうか。私の場合は、それが他の選手より少し長かったというだけのことです。

その過程には、人よりうまくなりたいという目標がありました。一日も早く一軍へ上がりたいという目標もあった。それを目指して歩いていたわけですから、少しも苦労とは考えなかった。野球漫画で人気のある水島新司さんも、私と同じような経験をしています。まだ芽が出ない頃、ライバルと考えている人と同じアパートに住んでいた。夜も画の練習をしている。「ライバルの部屋の電気が消えるまでこちらも絶対にやめなかった」というのです。お互い、生き甲斐があったということでしょう。たとえ、他人から苦労と見えても、それが目標への道のりなら、決して苦しくはないのです。むしろ、楽しいと感じるときさえあったくらいです。

弱点を鍛えよ

昭和五十五年の高知（春野）キャンプで、私は中盤まで、バッティングを一切せず体づくりに取り組んだ。

このシーズンで四十五歳になった私にとって、最大の泣きどころは体力でした。とくに下半身の衰えは、目を覆うものがあった。こういう状態で、いくらバッティング練習に精を出しても効果はありません。バッティングは建築と同じです。土台が、ものをいう。下半身がしっかりしていないと、いいスイングはできないのです。まず、体力アップ、下半身の強化と取り組んでいたわけです。打撃練習の時間になると、私はサーキット・トレーニング場へ出かけて体力づくりに専念しました。

そこで、ふと気がついたのです。ある若い投手のことでした。サーキット・トレーニングは練習スケジュールの一つに組み込まれているので、各選手が入れかわりにやってきます。与えられているメニューをこなすわけです。私は時間外でやっていましたが、その若手投手もサーキットにはたっぷり時間をかけていました。その努力は、評価できます。ただし、この練習が彼にとってどれだけプラスなのか、というところが問題だった。

彼の体力は素晴らしいのです。背筋力、ジャンプ力といったものは、西武選手の中

でも指折りだった。ところが、この体力をピッチングに活かせない。技術的に欠陥があるのです。下半身を使いこなせないため、スピードは出ないし、コントロールもよくない。彼がやらなければならないのは、下半身のバネをピッチングにどう活かすか工夫することでしょう。

　ところが、ピッチングは自分の思う通りやれないので、根気がつづかない。逆にサーキットの方は、他の選手がヘトヘトになるのを尻目に、ケロリとしてやってのける。誰もが、その体力に驚きます。だから、優越感にひたる。楽しいのでしょう、たっぷり時間をかけている。

　それだけやっていても、彼のプラスにはなっていないのです。私は、バットスイングのスピードを少しでも速くしよう、体のキレをよくしようと考えて、体づくりのために苦手な種目に取り組んでいる。ところが、彼は違います。得意だから、練習して楽しいから、やっている。ピッチングの欠点を補うことになっていない。完璧に近いフォームで投げているが、下半身の力が弱い、腕の力が足りない、だから強化するというのなら、別です。彼の場合は、体力アップより技術のマスターに取り組むべきなのに、錯覚しているのです。

この種の失敗は、よく見られる。「長所を伸ばす」という耳ざわりのいい言葉に眩惑されて、教える側も教えられる側も、見当違いの方向に進んでしまう。「長所」については、人がとやかくいわなくても、自分が意識しなくても、自然にできてしまうものなのです。「短所」や「弱点」こそ、意識して矯正、強化に取り組まなければなりません。

たとえば、特定の球種を投げるときにクセを持っている投手は、その弱点を出さないように、たえず意識する必要がある。アッパー気味のスイングをする打者は、低めこそうまく打てるが高めのストレートを打つのが下手です。体の動き、バットの軌道が、低めを打つのに適している。ところが高めを打つためには、先天的なスイングの軌道とは逆に上から叩くことが必要です。これは意識しないとできない。「高めのストレートを打とう」というだけでは意識したとはいえません。さらに「上から叩こう」と補足しておく必要がある。

いくら低めに強いという長所を持っていても、高めに弱点があれば、長所は十二分に生きてこない。弱点を攻められるからです。高めを打つことを克服すれば、低めへ投げてくる確率は高くなる。これは「内角に強い」「外角に弱い」場合も同じことです。まず、弱い面を鍛えなければ、強い部分は宝の持ちぐされです。

南海の選手時代から面倒ばかりかけていた整形外科医の林原明郎先生（故人）によると、「バットを振る腕の力は、弱い腕の方の力しか出ず、強い腕は殺されてしまう」そうです。だから、弱い腕を鍛える。握力についてもそうですし、右足と左足や上半身と下半身の関係でも同じです。

弱い部分を強化することが、強い部分を活かす道です。私は、それをバッティングを通じて学びました。これは、チーム作りでも同じです。弱い人は、強い人のレベルに適応できない。平均点では、ないわけです。弱い部分を強化するのは、そのためなのです。

不器用は強い

入社一年生のOLさんには、三つのタイプがあるそうです。若い頃から、折に触れては食事をする商社の社長さんの観察です。

男性社員に電話が入る。運悪く、席をはずしていた。その電話を受けて、「いま、おりません」で終わる人、「いま、おりませんが、○時には戻ると思います」と答える人、「いま、おりませんが、○時には戻ると思います。こちらから連絡させますので、電話番号をお願いします。私は○○でございます」と受ける人、この三つのタイプだそうです。

「電話の対応を聞いていると、その女子社員の家庭まで想像できますよ」

社長さんは、こういって話を締めくくった。私など、もっぱら電話をかける側に回っているので、相手がいないときには是非、最後のタイプの女性に受話器をとってもらいたい。たとえ空振りに終わっても、気分が違うでしょう。

考えてみると、野球も電話の対応と同じなんです。状況を判断した手ぬかりのないプレーが必要です。席をはずした人が、どんな応対をしてほしいかを考えることは、監督と選手の立場に置き換えることができます。

監督が、何をしようとしているのか、何をしたがっているのか。それを十分に理解して実行できる選手は、インサイド・ベースボールのできる選手として高く評価されます。そんな選手が多いチームほど、強い。たとえば、V9時代の巨人など、その典型だった。そして、彼らは野球センスに恵まれ、無類の器用さを兼ね備えていると思われている。先ほどのOLさんの例でいえば、第三のタイプです。

素質もありますが、もう一つ別のものも持っている。「チームのため、人のために役立とう」とする「実直さ」です。これが根底になければ、センスも器用さも、単なる能力にとどまってしまう。

たとえば、一塁走者が二塁へスタートを切るたびに打者がファウルして、何度となく一塁へ引き返すシーンを見たことがあるでしょう。無駄骨を折る走者の姿はユーモラスなものです。でも走者は、自分勝手に走っているのではありません。監督からヒット・エンド・ラン（あるいはラン・エンド・ヒット）のサインが出ているのです。ここで、走者がイヤ気を起こして、スタートを鈍らせたり、全力疾走を怠れば、作戦の意味は失われる。たとえ、くたびれもうけでも、自分の気分には関係なく、命じられた行為を忠実に実行しなければならないのです。しかし、器用すぎる選手は、つい自分で判断してしまう。こういうときは、不器用だと思われる選手の方が我慢強いのです。

守備でも、同じことがいえる。走者一塁で右方向へのヒットを打たれた。左翼手は三塁送球に備えてバックアップしなければなりません。返球がそれることは一試合に一度あるかないかです。だから、無意味に思えるときがある。そこで、「大丈夫だろう」と勝手に考えてバックアップをいい加減に済ませてしまう。これでは、チームプレーは根底から否定されたことになります。

チームプレーとは、「小さな準備で大きなミスを防ぐ」ことなのです。昭和五十四年十一月、大リーグのオールスター・チームが来日した。一番感心させられたのは、野手が投手の一球一球にスタートを切っていたことです。内野手だけではありません。外野手も全く同じです。強打者のパーカー（パイレーツ）もフォスター（レッズ）もキングマン（カブス）も、必ずそれをやっていました。

打球は、ほとんど飛んでこない。それでも、彼らは万が一に備えてスタートを切っている。この第一歩がファインプレーに結びつくのです。彼らは当時の大リーグのスーパースターです。それでも、小器用にはやらない。実直といえるほど基本に忠実にやっている。これが、チームプレーの第一歩です。

大リーガーのゲームを観戦した人たちは、パワーとスピードには驚いても、「器用さでは日本の野球の方が上」と感じたかもしれない。しかし、本当は不器用に見えているところが、彼らの底力なのです。不器用を恥じる必要はありません。不器用なことを認識していれば熱心に研究するし、対策を考える。それに、第一手抜きをしません。この手抜きをしないことこそ、一流選手への必要条件なのです。

器用にやろうは失敗する

絶体絶命の場面では動くべきではない——と、古葉・元広島監督（現・評論家）の例をあげて説明しました。これはリーダーの心構えですが、それでは選手はどうでしょうか。

よく、「不退転の決意」という。「退転」とは、クルクルと変えて、次第に悪くなることです。こうと決めたら、それを最後まで変えずにやり抜く心が、勝負どころでは必要です。「不動心」とも、いいます。

私は、「器用にやろうとするな」といいたいのです。野球でもなんでも、大事な局面に出会うといろいろな欲が出て、つい結果を考える。投手なら、「なんとかして抑えたい」から、「打たれたら、どうしよう」に発展する。「なんとかして打ちたい」という気持ちが強すぎて、「打てなかったら……」になる。戦う前からあれこれ思い悩むわけです。欲望が強ければ、それだけ結果も気になります。そこでつい、「なんとか、うまくやりたい」と器用に流れてしまう。

語り草になっている「江夏の21球」――昭和五十四年の日本シリーズ第七戦、広島が4―3とリードして迎えた九回無死満塁のピンチは、格好の見本です。江夏投手は「中途半端はイヤ。結果はどうあれ、悔いが残らないように投げよう」と器用にかわそうという気持ちを捨てていた。

これに対して、代打の佐々木選手（元・近鉄監督）はどうだったでしょうか。クルクルと、自分の狙いを変えていたように見えました。一球目はストレートを狙っていた。ヒザ元のカーブ（ボール）にバットを出しかけて辛くも止まった動きで、それがわかる。ところが、二球目の外角ストレート（ストライク）を見送ってしまった。佐々木選手は、一球目の見送り方でストレート狙いを見破られたと考えてカーブ狙いに切り替えていたのです。ところが、江夏―水沼のバッテリーに裏の裏をかかれて、好球を見送ってしまいました。

ネット裏で観戦していた私には、「佐々木選手は結果を意識しすぎている」と見えました。腰をすえてかかった江夏投手に比べ、佐々木選手は「うまくやろう」という気持ちを捨て切れなかったのではないでしょうか。

それで、相手の投球にばかり目を奪われた。ストレートを狙っていたら、カーブがきた。見送り方で、それを見破られた……狙いをカーブに変えよう。——恐らく、佐々木選手はそんなふうに考えたでしょう。そのため、相手バッテリーのあとばかり追いかける結果になった。相手に合わせようとして、腰が浮いてしまったのです。

「悔いの残らないスイングをしよう」——その一点から江夏投手を検討すれば、ストレート狙いしかありません。佐々木選手も、一球目は間違いなくストレート狙いだったのです。それを徹底すればよかった。こういう場面で、一球だけを待ちつづけるのは、確かに勇気がいる。しかし、少なくとも追い込まれるまでは、融通《ゆうずう》の利かない不器用さで押し通した方がよかった。むしろ、大事な場面では、不器用なくらいの徹底ぶりが必要なのです。

百七歳で亡くなった平櫛田中さんという彫刻家が、自戒の念をこめて「器用につきはじめた」という言葉を使っていました。

「剛刻家は、ものそのものを木に移さねばならない。それが唯一絶対の目標である。そのためにはものの全体的把握に生命を賭けることになる。その賭け方が浅いと〝器用〟が出る。器用にまとめてしまう。それを〝器用につきはじめた〟というのです」

平櫛さんの言葉は、野球にも他の仕事にも、当てはまるのではないでしょうか。江夏投手はマウンド上で、唯一絶対の目標を確かめ、「悔いを残さない」ことに徹し切り、ピンチを切り抜けたと思うのです。

天才だけが器用である

この項では、ずっと「不器用」について書いてきました。

私自身、不器用ですから、人並みの練習や研究では追いつかないのです。自分は不器用なんだ、人が百回の素振りをすれば、二百回、三百回やらなければならない、と言い聞かせてやってきた。

それだけに、不器用な人間の苦労もわかるつもりですし、逆に器用に生きようとする人たちの弱さも見てきました。ただし、器用なことが大きくプラスに作用する人もいます。それが天才だと思うのです。

野球界にも天才はいます。私が五十四年間やってきた中で、「この人は天才だな」と心の底から思ったのは、二人の選手でした。南海で同僚だった広瀬叔功《よしのり》選手（現・評論家）と、巨人・長嶋茂雄です。両者とも私より一歳年下ですが、ともに監督として苦労をつづけました。

天才は二人いた、と書きました。よく考えてみると、私の長い野球人生の中で、たった二人しか天才に巡り合わなかったともいえるのです。だから、簡単に、「うまく

いる。

「うまくやろう」と考えていると、かえって大成の邪魔になります。

しかし、ごく表面的な観察にすぎない。「うまくやろう」などと考えない方がいいのです。練習でも試合でも、器用そうに見える人が

長嶋茂雄の天才ぶりについては、彼の現役中から細大もらさず伝えられています。よく知られているので、同じタイプの広瀬選手について書きます。

私と同様に、テスト生の形で中モズ（大阪・堺市）の合宿所に入ってきた。いつも陽気で、練習での努力など無関係という感じだった。二年目に一軍で出場のチャンスを与えられると、初打席から五連続安打です。

私の方は一年目の初打席が三球三振で、その年十一打席ノーヒットだった。二年目は一軍へ上がれず、三年目も二十打席近く音なしの末、やっとヒットが出たような有様でした。

『焦りは敵と思え』で、〝カーブおばけ〟の話を書きました。私はカーブの夢にうなされるくらい打てなかったのに、広瀬選手はストレートも変化球も関係なく打ちこなしてしまう。練習は、私の方が三倍くらいやっているのです。彼の颯爽《さっそう》とした姿に何度、絶望感に襲われたかわかりません。

私が監督に就任してからのことです。投手のクセを見破るのに興味を持っていた私は、ある投手の球種を九〇パーセント以上の確率で予測できた。

「球種がわかるから、教えよう」というと、「ノムやん、そりゃアカンわ」とあわてて首を振ったのです。

「カーブがくるとわかっていて、ほんまにカーブがきたらどうする？　わしゃ、それは打てんよ」

この返事に思わず噴き出した。同時に、うなったものです。このユニークな感覚はどうでしょう。広瀬選手も確かに的《まと》は絞ります。しかし、それは私のように、あれこれ理屈をつけたものではありません。本能的に肌で感じるものなのです。燃えているときの集中力は、まさにケタはずれだった。長嶋茂雄と同質のものでした。

これは、王でも張本でも真似できないものでしょう。我々の場合、正確なスイングを構築した上で投手と対します。勝負の前に、まず自分との戦いがあるわけです。器用にこなそうとすると、必ず失敗してしまう。ここが、天才かどうかの分かれ道なのです。

「天才」とは、『広辞苑』によると①天性の才能。生れつき備わったすぐれた才能。また、そういう才能をもっている人――のことです。だから、器用に見えるはずです。けれども、いわゆる器用とは違う。

どんな仕事でも、大した準備をせずにソツなくこなす人がいる。これは、天才的才能があるから可能なのです。

現象だけに騙《だま》されてはいけません。通常は、厳しい訓練と周到な準備が、必ず要求されるはずです。

ハングリー精神を忘れるな●私の欲望論

うまくなろうとする心

私の野球人生は「人よりうまくなりたい」という欲求の継続だった。他の選手が五十回バットを振るなら、自分は六十回振ろう。遠投を二十回しているなら、三十回挑戦して肩を鍛えよう。一日に一回でも多く練習すれば、一年間で三百六十五回も多くなる。そう考えて、一日一日を過ごしてきました。

「人より、少しでもいい打者になりたい、いい捕手になりたい、いい選手になってやろう」

そう願う気持ちは、選手として、あるいは人間として最低限、必要な「欲望」でしょう。ところが、最近の若い選手が、そんな気持ちを抱いているかどうか、疑問に思うことが多いのです。

少し厳しい見方かもしれませんが、若い選手の多くが、それ程つきつめて考えていないように思われます。

「そりゃ、無理ですよ。現代はすべての面で満たされていますからね。野村さんの時代のように〝ハングリー精神を持て〟といわれても、ちょっと困るんですよ」

自分の息子ぐらいの年齢の選手に、あっさりと受け流されたことがありました。

「そんなの、今は流行りませんよ。野村さんって古いんだなぁ」。最後は脳天にガンと一発喰らわされた感じだった。

確かに、私の少年時代と比べると、現在の若い人たちは物質的に恵まれ、何不自由なく育っている。欲しいものは、ほとんど手に入るでしょう。だからといって、ハングリーじゃないというのはおかしいと思う。物質的に恵まれなかった私たち、恵まれすぎている彼ら、この両者にも共通項はあります。技術的に、人間的に「未熟である」ということです。

ハングリー（HUNGRY）という言葉には、飢えた、空腹そうな、という意味とともに「渇望する」という意味もある。これは、喉が渇いて湯水を欲しがるように、しきりに望むこと、です。プロ野球やプロボクシングが、ハングリー・スポーツなどといわれるために、ハングリーは即ち貧困と解釈されているようですが、それだけでは決して本質をとらえたことにはなりません。ハングリー精神とは、すべての面で「渇望する心」を持っていることではないでしょうか。

「うまくなりたい」という気持ちは、恐らく誰もが持っていると思います。しかし、「うまくなろうとする心」と結びついているかどうかは疑問です。

「うまくなろう」とするのは、自分をどれだけ愛しているかということではないですか。世の中には、いろんな愛がある。その本質は、「大切にすること」だと思うのです。

自分を愛するということは、自分を大切にすることでしょう。人のことはどうでもいいというわけではなく、自分を安っぽく取り扱わないことです。

「ボクはとても、できませんよ」というのは、自分で自分を低く評価していることなのです。つまり、安っぽく扱っている。自分を愛し大切にするということは、自分の中身を良くし内容を高めてゆくことなのです。そのためには、人一倍の努力が要求される。練習し、人の意見をよく聴かねばなりません。深く考え、精進する姿勢がなけ

れば、渇望する心はいやされないと思います。

「わかりました。それなら、まじめにやります。まじめにやれば、いいんでしょ」

若い有望な彼は、こう答えました。しかし、それだけでも足りない。まじめにやっている選手など大勢います。五十人の選手がいれば、四十五人はまじめにやっている。その上で、自分の内容を見つめ、工夫をこらして、初めて磨きがかかってくると思うのです。

東京駅の勤続何十年という赤帽さんについて、大仏《おさらぎ》次郎さんが書いた話を読みました。

「よく勤まりましたね」と大仏さんがねぎらうと、彼は「ハイ、私は真ちゅうは真ちゅうなりに生きてまいりまして、金メッキをしなかったのがよかったと思います」と答えたそうです。

この言葉に、胸が熱くなりました。カーブを打ちこなせるようになるまで十年、これが捕手の仕事なんだと自覚できるまで十年……人より歩みはゆっくりだったが、気がついてみると、思いがけず遠くまで歩けていた。一生懸命、磨きをかけてきました。それを若い人にもしてほしいと願うのですが、欲張りでしょうか。

己を知る

自分を大切にし、見つめる。工夫をこらしてゆくと、自分がどんなタイプの選手なのか、わかってきます。個性は十人十色です。自らのタイプを認識することによって、進む方向が決まってゆくのです。うまくなるためには、正しい方向づけと正しい練習、そして根気の三つが要求されますが、方向づけは自分自身でやらなければなりません。

大リーガーにスイッチ・ヒッターが多いのは、彼らが自分自身を厳しく分析しているからです。昭和五十四年に来日した選手を見てもフィリーズのピート・ローズ内野手、ラリー・ボーワ内野手、パドレスのオジー・スミス内野手、それにカージナルスのテッド・シモンズ捕手、オリオールズのケン・シングルトン外野手……など、十人近い選手が投手のタイプに応じて右、左の打席で打ち分けていた。ところが、パイレーツのデーブ・パーカー外野手、ビル・マドロック内野手、レッズのジョージ・フォスター外野手、カブスのデーブ・キングマン外野手、ホワイトソックスのチェット・レモン外野手、エンゼルスのドン・ベイラー外野手など、ホームラン打者は自分の利き腕の打席しかスイングしない。

それぞれの選手が、自分の特徴を十分に知り尽くしているのです。パワー・ヒッターには小細工は必要ありません。しかし、体が小さくてもミートのうまい選手、脚力のある選手は、その特徴を活かしている。スミス選手やボーワ選手のように守備がうまい内野手でも、それだけでは大リーグでは生きてゆけません。そのために、右打ちだけでなく左打ちもマスターして、内野安打を狙えるバッティングを身につけているのです。ローズ内野手が、もし右打ちだけだったら、三千本安打を達成し、大リーグでも有数の高額所得選手になれたかどうかわからない。

自分を見つめ、自分の特徴を正しく把握して、どんな選手になるべきかの方向づけを間違いなくやった。自分の選んだタイプになるための方法論も正しかったのです。たとえば、ローズ選手がスイッチ・ヒッターの道を選んでいても、やみくもにフルスイングばかりしていては当時のローズ選手は生まれていない。極端な前かがみの構えを作り上げて、バットのヘッドが時速一五〇キロメートル級のスピードと変化球の鋭いキレ味に対応した。だから、ホームラン打者以上の収入を得たのです。

打撃フォームについて言えば、ローズ選手にかぎらず千差万別です。キングマン選手は広いスタンスをとっているし、ドジャースのスティーブ・ガービー内野手は顔を右側に傾けて横から投手を見る。見た目には不格好でもそれぞれ自分に適したスタイルを選んでいます。一人一人、構えた格好は違うのですが、バットの先端が自分の頭より投手側へ出ないこと、視点を低くする点は共通している。ローズ選手の打撃フォームでも説明しましたが、投手のスピードと低めの変化球に対応していたのです。

日本の選手の多くは、バットの先端が投手側に突っ込むスタイルです。これだと、よほど腰の回転を速くしない限り、バットの軌道は最短距離を走れない。スピード・ボール、低めの変化に対応しにくいのです。

第二章の『方法論を身につける』とも関連しますが、スイング論争の前に、合理的な構えをしているかどうかが、問題解決の糸口になることを、メジャーリーガーたちは教えてくれているようです。

さらに、バットの握り方（グリップ）ひとつにしても、彼らはいろいろと工夫している。エンゼルのロッド・カルウ内野手、ブリュワーズのセシル・クーパー内野手、ベイラー選手、フォスター選手、ガービー選手らはグリップを細くして指先（フィンガー・グリップ）で握っていた。逆にローズ選手、パーカー選手、シングルトン選手らは太めのグリップにして手のヒラで握っていました。また、マドロック選手は右の手のヒラだが、左はフィンガーにしていたのです。

ボールを見やすいのはどんな構えか、どうすればバットのヘッドが最短距離を走って、強く鋭くスイングできるか。テーマは共通しているのですが、体力や自分の特徴を考えて、最大限に自分の持ち味を出そうとしている。それが、個性ということになるのでしょう。

私は、ホームラン打者としてはグリップがやや太いバットを使っていた。握力、腕力、スイングのタイプから、これを使うようになったのですが、もし細いグリップのバットを使いつづけていれば、六百五十本を超すホームランは打てなかったと思う。「ノムさん、このバットは長距離打法には、そぐわないんじゃないですか」などと、よくいわれたものです。しかし、常識は必ずしも正しいとは限らない。己を知ったときから、技術の進歩が始まったのです。

「売れる自分」をつくる

日本にも、大リーガーと同じように自分の特徴を活かそうとしている選手は大勢います。最初のスイッチ・ヒッターとして定着した元巨人・柴田勲選手（現・評論家）もその一人でした。しかし、俊足を活かす徹底ぶりという点で、やや物足りない部分があったと思います。

その点、大リーグの徹底ぶりは大変なものです。練習のときから、自分が心がけているバッティング以外はしないのです。たとえば、パドレスのオジー・スミス選手は、二十四歳で遊撃手の座を確保していましたが、一七八センチ、六八キロと日本選手と比較しても大して変わらない。どこに秘密があるかといえば、軽快な守備、強肩はもちろんのこと、その俊足ぶりが買われていたのです。だから、バッティングでも長打など少しも狙わない。打撃練習から、そうなのです。凡フライなど、ほとんど打ち上げなかった。ゴロ、ライナーを二遊間、三遊間方面に集め、時に応じてドラック・バントを繰り返していた。俊足を活かして内野安打の可能性を追求するバッティングなのです。試合になって、ヒット・エンド・ランのサインが出たときなど、持ち味を出そうとする姿勢は、もっと顕著でした。彼が打席の場合、非力なタイプなので引っ張れないと計算して、投手は外角球を投げ、二塁手が二塁ベースカバーに入るケースが多い。そんなとき、スミス選手は右足を踏み込んで右方向へ引っ張ります。フルスイングをせず、トスバッティングを少し強くした程度のミート主体に、バットの角度で打球の方向を決めているのです。

ア・リーグの盗塁王（一九七九年）になったロイヤルズのウィリー・ウィルソン外野手も、俊足という天性を存分に活かした選手の一人でした。転がして走れ！　を徹底して一流選手への道を築いた。右打ちながらバットを長く持って引っ張るのですが、左打席のときは自分の俊足を計算して短く握ってプレース・ヒットを狙うわけです。来日はしませんでしたが、ナ・リーグの盗塁王になったパイレーツのオマー・モレノ外野手も、同じように足を活かしていました。左打ちで、練習では遊撃手の両側へしか打球を転がさない。一九一センチ、八〇キロの体ですから、見るからにヒョロリとしてパワー不足の感じです。実際にも長打力はありません。そこで、ウィルソン選手と同じように、転がして走るバッティングを心がけているのです。

見た目には頼りないし、なんの面白味もない。しかし、それが大リーグで生きてゆく道につながっているのです。彼らは主役ではない。モレノ選手を例にとるなら、パーカー選手、マドロック選手、それにウィリー・スタージェル内野手など、強打者のバッティングで本塁に還ってくるのが仕事です。役割に徹して、決して中途半端なことはやらないのです。いうなら、徹底した売り込みです。監督は「足は計算できるが、ホームランには期待感しかない」ことをよく知っている。だから、己を知り尽くして、練習から試合まで徹底する彼らの仕事ぶりは、高く評価されたわけです。

一番から九番まで、打順にはそれぞれ決まった役割がある。監督が選手の特徴をつかんで、オーダーを編成します。一、二番打者は俊足であると同時に、一番には出塁率の高い打者が必要だし、二番はバント、ヒット・エンド・ランなど細工がうまい打者でなければなりません。この特質が逆になっては、打線はうまく機能しない。そして、クリーンアップ・トリオには一発長打の魅力が要求される。こういうふうに、それぞれ任務があるのに、日本では一番から九番まで、全員が振り回してばかりいるチームもあります。選手が自分をよく見極めていないし、首脳陣もそれを徹底していないために、全員が四番打者の打線ができあがり、機能は大幅に低下してしまう。

大リーガーの徹底ぶりは、補強選手として来日する元大リーガーにもよく現れている。彼らは体のシンから自分のタイプを教育され、マスターしています。「大リーグでは中距離打者でも、日本なら球場も狭いしパワーも違う。あれだけの実績があれば大丈夫だろう」と考えて獲得する。しかし、大半の選手は自分のタイプと要求とのギャップで、本来の力を出し切れない。よく教育され、実績があればある程、自分のカラから脱皮するのはむずかしい。要は長い間、それに徹し切っているからなのです。

だから、大リーガーとして実績があった選手に、大リーグ時代とは違う要求をするより、三Aクラスの有能な若手を探す方が、実績がなくても好結果につながる。実績がないから、かえって早く順応できるのです。

職人芸というもの

自分の仕事に徹し切ることは、意外な強さを生むものです。昭和四十五年から四年間、南海に在籍した青野修三選手が、そうでした。東映（現・日本ハム）が優勝した三十七年には内野手として活躍しましたが、南海に移ってからはもっぱら代打だった。とくに四十六年からの三年間は代打専門で、勝負強さを発揮したものです。

代打が起用される局面というのは、必ずといっていい程チームが追い込まれて苦しいときです。大量リードしているときは、絶対にお呼びがかからない。どうしても一点が欲しいときに打席に送り込まれる。こういう苦しい仕事にもかかわらず、青野選手は代打として抜群の成績を残していました。

四十六年は四十二試合に出場して出塁率三割五分七厘、二ホーマー、十六打点。四十七年は五十試合で出塁率三割八分。四十八年が五十二試合で出塁率三割八厘です。どんな場面で起用しても、少しも気負わない。平気な顔で打席に入り、成功してもうれしそうな表情をするわけでなく、かといって失敗しても格別済まなそうにもしない。淡々とベンチを出て行って、淡々と帰ってきたものです。

ベンチ入りするときも、バットを一本持ってくるだけだった。グラブも、手袋もなしです。まさに、一球にかけた職人といった感じでした。このようすを見ていて、不思議に思ったものです。

「緊張するようなことは、ないのだろうか。どんな心境で打席に入っているのか」

一度、青野選手にその疑問をぶつけたことがあった。そのとき返ってきた答えに、なるほどと感心しました。これこそ職人の強さだな、と思ったものです。青野選手は、私の質問に対して驚いたようすもなく、いつも一本だけ持っているバットを磨きながら、他人事のようにいったものでした。

「監督が、ボクを代打に指名するでしょ。その時点で割り切っているんですよ。大勢の中から、ボクを選んだのだから、何か理由があるはずですよ」

「そりゃ、それなりの根拠はあるさ」

「そうでしょ、だったら結果は、選んだ監督の責任ですわ」

「打てても、打てなくても……」

「そう打てても打てなくてもね。打席に入る人間には、打てるかどうかわからないものね。だから、打てなきゃ使った監督が悪いんですよ。ボクの責任じゃないんです」

「結果がよければ?」

「そりゃ、もちろん、使った監督がうまいんですよ。見通しがズバリ当たるわけだから……」

このやりとりから、そんな無責任な選手にまかせて大丈夫かと考える人が、あるいはいるかもしれません。ところが、実はそうではないのです。青野選手は、結果は監督の責任――と考えることで、打たなければ……とか、期待に応えなければ……という意識を捨てようとしていたのです。代打に出るときはチームが苦しいとき、どんなバッティングをすればいいかという以外に、結果をあれこれと考えているようでは、集中できるものではない。青野選手は、自分自身をその局面から客観的な立場に置き換えることで、一球に集中する力を培養していたのです。

頭の中には、「どのタマを狙うか」しかないでしょう。そのためにベンチで座っているときから投手を観察し、その日の傾向を読んでいる。試合から目を離さず、常に「自分が代打に起用されたら、何を狙うか」を前提に準備しているのです。ベンチの中ではいい結果を出すために工夫しているが、代打の指名を受けたときには、いい結果を出そうという意識を頭から捨てる。これも自分の仕事に徹し切った一つの典型だと思うのです。

選手は一人前になるまでは誰もが同じ道を歩くものです。そこから一流へ、自分が歩く道を切り拓いていかなければならない。いろんな道があります。青野選手は、肉体的な条件などもあって一流への道は拓けなかったが、職人といわれる別の境地へたどりつきました。一流の仲間入りをしても、まだ結果を気にする選手は多いのですが、彼は「自分は一打席に賭けている」という誇りを持ち、結果を意識する弱さを捨てることに成功したのです。

彼は、代打談議の末、「とにかくね、代打は打席に立つまでが勝負なんです。ダグアウトに座っていて、ラクをしてるなどと思われちゃ困ります。あそこは休憩するところじゃないんですよ」といって、話を打ち切った。

まさに、同感です。私もダグアウト（ベンチ）から野球を見ることで、いろんな財産を手にしました。しかし、あのイスに座って、お客さんと同じように野球を見ている選手が、なんと多いことでしょうか。

適性の追求

現役生活二十七年間を振り返ってみると、打者としての野村の基礎ができたのは、南海へ入団して二年目の昭和三十年だった。一年目は九試合に出場して十一打席ノーヒット、三振五、盗塁一、得点一が成績のすべてです。二年目に期待をかけましたが、出場機会なしで、ついに一軍へ上がれないまま終わりました。しかし、この年、バッティングで二つの発見をしたのです。

まず一つは、高校時代から使い慣れていたグリップの細い長距離打者用のバットと決別したことです。京都・峰山高校時代の私は、まがりなりにも四番打者として近在ではちょっとしたものでした。しかし、プロ入りしてみるとまったく打球が飛ばないのです。ホームランどころか内野手の頭を越すのが、やっとという有様でした。

素振り、素振りに明け暮れていた、そんなある日、一軍の練習の手伝いを終わったあと、大阪球場のロッカールームで一本の使い古したバットを見つけたのです。部屋の隅に折れたバットを入れる金網のカゴがあります。ふと見ると、折れていないバットが一本入っていた。手にとって確かめると、使い古しですが大丈夫だった。一軍の選手が練習に使っていて、古くなったので捨てたようでした。一本でもバットが欲しい私は、ありがたく頂戴して合宿所へ持って帰りました。

「少し、握りが太いなあ」と思いながら、翌日の練習で使ってみた。感触がいいのです。手のヒラによくなじむし、バランスも自分の体にピッタリして、前の日までより打球はライナー性になっていた。そして、ようやく「自分にはグリップの細いバットは適していなかったのだ」と気がついたのです。

二つ目は、バットを構えたときのグリップの位置でした。最初は、高校時代の延長で、右肩と同じくらいの高さで捕手の方へ出す感じで大きく構えていた。あれこれと変えた末、右脇を締め、体に引き寄せるように低くしたのです。すると、打球が驚くほど飛ぶようになった。それまで、外野手の定位置あたりまでがやっと、という程度しか飛ばなかったのに、ポンポンとホームランが出るのです。

こう書いてくると、いかにも一気に進んだように思われるかもしれませんが、一進一退の繰り返しでした。レギュラーになった三十一年～五十四年までの二十四年間も愛用した〝グリップが少し太いバット〟にしても偶然の出会いです。自分の好みのバットを(当時はグリップの細いものでしたが)、いつも使えるような金銭的余裕はありません。先輩の使い古しをもらいながら、ときどき新品を買う程度で、そのつどタイプが違っていたのです。

グリップの位置も同じことです。高くしたり低くしたり……何度も変えているうちに、うまくタイミングをとれる感じがつかめた。その頃はビデオテープなどありません。同じ二軍の仲間にその構えを覚えておいてもらって、合宿所に帰ってから、もう一度、その構えを教えてもらいながらバットを振ったのです。

少しずつ薄皮をはぐように、自分のもっとも適したタイプのバットに近づいていったようです。そして、なんとか最短距離の軌道でバットを振ろうとした。そのためには、腰の回転が大切であることも、素振りの中から覚えました。スイングを小さく、バットを上から叩きつけると、ライナーの打球がどんどん左翼フェンスを越えるようになった。一軍の中心選手にも負けない飛距離が出始めました。

この打球の飛距離が、三十一年春のハワイ・キャンプのメンバーに加えられ、一軍入りへの原動力になったのです。この年の四月二十八日、後楽園球場で毎日オリオンズ（現・千葉ロッテ）の中川隆投手から第一号本塁打を打ちました。七本でシーズンを終わりましたが、翌年は三十本で本塁打王となり、量産が始まったのです。

いま見ていると、バットのタイプを変えた方がいい、グリップの位置を修正すればいい、という選手が大勢います。王貞治氏は苦心の末、一本足打法にたどりついた。そういうふうな適性を、見つけられぬまま過ごしている選手が多いのです。

プロフェッショナル●アマチュアとの違い

プロには「過程」が必要だ

『孫子の兵法』軍争篇の中に、次のような一節があります。

古ノ所謂善ク戦ウ者ハ、勝チ易キニ勝ツ者ナリ。故ニ善ク戦ウ者ノ勝ツヤ、智名ナク、勇功ナシ

昔の戦巧者は、無理なく自然に勝った。だから勝っても智謀《ちぼう》は人目につかず、その勇敢さも人から称賛されることがない。そういうふうに、自然に勝つのが真の勝者であるといっています。その前段では「誰でもわかるような勝ち方、世間にもてはやされるような勝ち方は、最善の勝利とはいえない。無理があってはならない」と説いています。

この言葉は、私たちプロ野球選手にも当てはまります。というより、どんな職業に

従事している人にも、同じことがいえるのではないでしょうか。「私は、こんなに一生懸命やりました」「私は、こんなに努力したんです」そういったことが、仕事にありありと現れるようでは、プロフェッショナルとはいえないと思うのです。

PROFESSIONALとは、職業選手、専門家という意味です。それがプロ野球選手の場合なら、ファンがアッと思うことを、計算しつくして軽々とやってのけなければいけません。だから、本当のファインプレーは、ファンの眼にファインプレーと見えてはならないのです。打者が打った、打球は左翼線に飛んだとしましょう。「アッ、抜けた」と思って、見る、その落下地点には左翼手が余裕をもって到達していた。その守備位置のとり方、スタートの切り方、落下地点への最短コースを選んだ走り方、これが本当のファインプレーというものです。

毛を一本持ち上げても、誰も力持ちとはいわない。太陽や月が見えても目が利くとは思わないし、雷鳴が聞きとれるといっても耳がいいとはいいません。誰でも、できることだからです。そういうふうに、簡単にやってのけられるかどうかで、プロの真価が問われるのです。

アマチュアというのは、素人です。本来、経験のない人、未熟な人なのです。アマチュアという言葉は、ラテン語からきているそうです。「MATEUR」(成熟している）という単語に否定詞の「A」がついてAMATEURになった。だから、私はプロの対極に存在するのはノン・プロであり、プロの中にもアマチュアは大勢いると考えています。

どの職種においても、肉体と頭脳と経験のバランスが必要です。プロスポーツは、肉体の占める部分が大きいが、それだけでは絶対にいい選手にはなれない。入団して体を鍛えられ、野球の知識が豊富になって未熟から成熟への道をたどり、経験を積むことで、一流選手へと育ってゆくわけです。「肉体」「頭脳」「経験」が、どんな比率になるのかわかりません。ただ、「頭脳」の占める割合が小さい選手より、その割合が大きい選手の方が、孫子の「勝ちやすく勝つ」プレーを、たえず見せてくれるのは事実です。

元横綱の三重ノ海（現・武蔵川親方）は、横綱になってから強くなったといわれています。こんな例は少ないそうです。横綱に昇進したとき、「自分の相撲を作ってゆきたい」という抱負を語ったと聞きました。これは、「肉体」「経験」よりも「頭脳」が活発に働いている証拠でしょう。だから、強くなれたのだと思います。

横綱には、引退しか残されていないそうです。三重ノ海が「負けられません。これまで以上に稽古を十分にして……」などといっていたとしたら、横綱に昇進して強くなった数少ない力士には、ならなかったでしょう。彼は「いい結果を出すために、どうするか」を、まず考えた。肉体や経験に頼ることをしなかったところが、よかったと思うのです。

プロは結果が勝負です。それが、金銭的な評価としてはね返ってくる。だからといって、その過程を無視しては、いい結果は得られない。いい結果を出すために、どうすればいいか。それを考える頭脳が、ノン・プロより優れていなければならないのです。

野球に戻れば、チーム全体のことは監督が考える。しかし、一つ一つのプレーは選手が実行するのです。監督の方針をもとに、その方向へ全力を尽くす。そこから、打球が抜けたと思われる地点へ平気な顔をして到達したり、いつの間にかバックアップしていたりという、目に見えないファインプレーが生まれるわけです。

ファームはアマチュア

私の考えでは、ファームの選手はアマチュアなんです。野球で給料をとっていますが、一人前じゃありません。会社でいえば、新人社員と同じ立場です。いきなり、第一線へは出せない。社風を教え、社会人としての常識を教え、機構を頭に叩き込む必要があります。長いところで六か月間、短いところなら二、三週間から一か月間の研修期間があるそうですが、ファームの選手もそれと同じ扱いをする必要があります。

私が南海の監督だった頃、ファームの選手には酒、タバコ、ギャンブルの三つを禁止していました。一番若い人で十七歳と何か月かの年齢です。まだ、大人の体になっていない。成長段階にある青少年だから、成長を止めるようなものはよくありません。それに、一人前になるためには、規律が必要です。

一年目は、完全に研修期間と考えていました。コーチには「技術指導は、一切しないように」と指示していた。ただし、矯正しなければ取り返しがつかなくなるような欠陥だけは指導してもいい。投手ならヒジを痛めやすい投げ方をしている。打者ならドアスイングでどうにもならない。フォームを直すのは、そういった致命的な欠陥がある場合だけです。

プロで生活しようと考えて入団してきた人たちですから、いくらアマチュアといっても、そんな欠陥を持っている選手は少ない。要するに、簡単に教えるな、ということです。どんな選手でも、何かいいものを持っているはずです。一週間や一ヵ月ばかり見たくらいで、その選手の特徴がわかるものではありません。第一、体すら満足にできあがっていない状態で、いい投球フォーム、いい打撃フォームが作れるわけがない。

指導者は、まず相手をじっくり見ることです。よく観察して、完全把握した上で教えてやることが、いい指導者の第一条件だと思う。無責任な指導は、取り返しのつかない失敗につながる場合があります。一人の選手の芽をつんでしまっては、その選手の死活問題です。同時に球団も大事な財産を失ってしまう。それだけに、ファームの指導者には責任感のある指導が要求されるのです。二十歳前後の新人なら、何はともあれグラウンドでは、体力づくりが先決でしょう。

その代わり、ユニホームを脱いでいるときには、教えなければならないことが山ほどあります。社会常識から、いろいろなマナー、野球、野球協約、野球規則などの基本的なものを教える。それが終わると、チームのフォーメーション・プレーなどチームプレーがあります。これは頭で覚え、実際に何度も反復訓練をしなければならない。そういった研修を通じて「チーム優先主義の野球」を徹底してゆくわけです。

朝早くから夜遅くまで、練習と研修の明け暮れがつづきます。ファームの選手といっても、社会人、大学、高校の野球では主力をつとめた人たちばかりです。恐らく、苦しい競争はしたことがなかったでしょう。だから、プロのファームの現状をみっちりと教え込み、生存競争の厳しさを叩き込んでやる。

「もう、こんな生活はごめんだ。一日も早く一軍へ上がりたい」と思い、一軍切符を手にしたときには「この生活には、絶対に戻ってこないぞ」と考える。そういった厳しい環境を作るために猛練習、厳格な規律を課したのです。ファームの生活が居心地よいようでは、とてもダメです。

ファームにいたくないために、うまくなろうと努力すれば、本人のためにもなるし、チームにもプラスです。

日本のプロ野球のように、戦力の補強を外国人や新人に頼る状況では、ファームの充実度がチームの土台となる。「鉄は熱いうちに打て」といいますが、入団五年間が本人にもチームにも勝負です。長く引っ張ることは本人の将来のためにもよくない。出直すなら早い方がいいのです。一年目を体力づくりにあて、あとの四年で技術指導を考えればいいと思う。ファームのアマチュアたちは、入団五年間が勝負なのです。

なぜワインを飲むか

ファームの生活を、これだけ厳しくしていても、つい横道へそれてゆく選手がいる。せっかく一軍へ上がっても、なんとなく逃げ道を作ってしまう。

どんな世界でもそうなのでしょうが、一流といわれるようになるのは百人に二人か三人、半分以上は脱落し、残りの人たちはラクな生活を覚えてしまうようです。脱落する選手、逃げ道を作る選手のほとんどは、酒、女性、ギャンブルのどれかに溺《おぼ》れてしまう。

もっとも多いのは、酒でダメになるケースです。ちょっと意外かもしれませんが、私の経験では、酒が大敵です。なぜか。毎日でものめり込むことができるからです。女性の場合には、相手の都合もあって毎日会うというわけにはいかない。ギャンブルは資金が必要です。酒はツケがきくし、タダ酒もある。毎日でも飲めるチャンスは作れるし、量も自制が利かない。つい、オーバーペースになってしまうのです。

とくに、ウイスキー、ビール、日本酒というのは、体によくありません。暴飲は、選手生命まで脅かしてしまう。昔の選手は、本当によく飲んだものです。毎夜、浴びるという形容がぴったりなほど飲んでいた。昭和三十年代の前半頃まで、選手寿命が三十二、三歳で終わったのは、酒の飲みすぎというのが多分にあったようです。

ヨーロッパのプロサッカーチームの選手たちは、アルコールの量を決められているそうです。適量の酒というのは、食欲増進にもなるし、ストレスを解消するのにもいいのですが、つい「もう一杯」という誘惑に負けてしまう。適量でストップできないところが辛いところです。

私も、それで断酒しました。断酒をしたのは三十八歳のときだった。それまでも、大して強くはありません。ウイスキーの水割り、それも薄いのを、せいぜい五杯から十杯が限度です。好きというわけでもないが、嫌いじゃない。試合で興奮した神経を鎮《しず》めるには、丁度よかったのです。それで、よく飲みに出かけたものでした。

ところが、ある日突然、変調を感じたのです。若い頃は少しぐらい飲みすぎても、グラウンドに出てランニングをして汗をかくとサッパリと気分爽快になったものです。しかし、その日はいくら汗をかいてもダメでした。だるさが残っている。「こりゃ、いかんな、無理してると野球にまで響いてしまうぞ」と反省した。それが昭和四十年八月です。以来、きっぱりと断酒に踏み切ったのです。

「それは、気の毒ですね。ワインやブランデーなら、体にもいいんですよ。食前にワインを飲む習慣をつけたらどうなのですか。血管のコレステロールも洗い流してくれるのですから」

私の断酒を気の毒がって、そう教えてくれる人がいました。あるいは、酒のすべては体に悪いと短絡的に解釈して欲望に背中を向けてしまった頭の硬さが、おかしかったのかもしれません。フランス料理やイタリア料理の食前に、ポンと栓を抜いてみる。ストレス解消にもってこいだったようです。それに、ワインを飲むのは合理的な食事をするという点でもいいらしい。大塚謙一農学博士の『ワイン博士の本』に、こんなふうに出ているのです。

「ワイン自身、果物の酒であるから、たんぱく質がほとんどない。だから、〝酒のサカナ〟というより一緒に食べる料理は、たんぱく質と脂肪の豊かなものが、大変によく調和するのである。たんぱく質の多い食べ物ほど、体の中に入ると、酸性になってしまう。果物からできたワインも果物と同じく有機酸に富んでいる。そこで体の中ではアルカリ性となる。従って酸性食品を摂ってワインで中和することができる」

ウイスキーや日本酒は無機酸だから、体内に入っても酸性のままなのですが、ワインやブランデーは有機酸だから消化されるとアルカリ性に変わるそうです。

肉食（酸性）が多かった私には、断酒するよりワインを愛用していた方が、むしろ実質的だったのだな、と考えたりしています。

一軍選手に管理は不要

ファームの選手はアマチュアである、と決めつけた私も、一軍選手に関してはすべて大人の扱いをしました。一軍にいる限り、二十二歳以上なら酒もタバコもマージャンもＯＫです。しかし、その選手がファームへ落ちれば、その日から話は別です。その点は、はっきりしていた。二十二歳以下なら、すべて禁止です。

一軍とファームには、それくらいの差があっていいのです。私は監督時代、罰金は一切とらなかった。門限もなしです。彼らは野球の技術で生活をしている。一軍選手は私がやれると見込んだ選手たちばかりです。グラウンド以外のことは、彼らのファーム時代にたっぷりと教え込んである。今更、何を厳しく規制する必要があるでしょうか。

野球以外の楽しみにのめり込んで脱落したり、適当にやろうと考えてしまう選手は多い。確かに、その通りなんです。冷たい言い方かもしれませんが、それはしようがないと思うのです。「人間には〝善人〟と〝悪人〟がいるのではなく、〝弱い人〟しかいない」というのは本当だと思います。その〝弱さ〟から這《は》い上がれるかどうかは自分自身の問題です。

柏原選手の場合（第三章『人間が「ジャンプ」するとき』）のように、個人的には指導はします。しかし、遊ぶ選手を規制するために門限や消灯時間を決めていては、他の選手が迷惑します。だから、私はいつも選手に「遊んでもかまわない、飲みに行ってもいい。しかし、度が過ぎないようにしなければいけない。度を越すと翌日の練習、試合に差し支える。それで下手《へた》になることもある。そんな選手は使わないだけのことだ。どうぞ、自由にやって下さい」といってきました。

それが、大人の集団だと思うのです。プロ野球選手は、税法上「個人事業主」になっている。一人一人が経営者です。「これ以上、遊ぶと翌日に支障をきたす。飲みすぎると、いいプレーができない」そのあたりをわきまえて、自分でストップをかけるべきでしょう。仕事がブレーキ役にならないといけません。それを、個々で判断できるよう、個人事業主でありながら、ファームではノン・プロのような教育をしているのです。

それをわきまえないような選手は、プロとして失格なのです。V9当時の巨人の選手とは、いろいろと個人的にも付き合いましたが、みんな大人だった。王貞治氏と銀座あたりへ飲みに出かけても、夜の十二時前になると、ピタリとグラスを置いて、立ち上がったものでした。いくら座がはずんでいても、「お先に失礼します」と帰ってゆく。あとで聞いてみると、当時の打撃コーチだった荒川博さんのところを訪ねてバットを振っていたそうです。

深夜の訪問にも動ぜず指導した荒川さんも偉いが、王自身も立派なものです。世界の王の下地は、こうやって培《つちか》われていったわけです。

王がいい打撃成績を残せなければ、チームは試合に勝てる要素を一つ失うわけですし、脇役に徹している選手たちも報われない。もちろん、王自身のマイナスにもなりますが、いろんなところへ迷惑をかけてしまう。王が自分を律しているのは、主力選手としての責任感なのです。

私は昭和四十八年のシーズン終了後、主軸打者だったジョーンズ選手を近鉄へ放出しました。彼は近鉄で二度、ホームラン王になり、そのつど「なぜ、あんな強打者を放出したのか」と不審がられたものです。当時は、本人が日本でプレーしていたので詳しい説明はしなかったのですが、実は彼がチームに重大な迷惑をかけたので放出したわけです。

四十八年の日本シリーズで、南海は巨人と対戦した。一勝一敗で、第三戦は後楽園球場だった。その試合で彼は信じられないようなミスをしたのです。バントを処理した投手の一塁送球が彼の顔の高さあたりを通過しているのにファーストミットにも触らずそらしてしまった。このエラーで試合を落とし、ズルズルと一勝四敗で敗れました。あとで調べてみると、前夜、赤坂や六本木を遊び歩き、完全に睡眠不足だった。

エラーをしたことでなく、その無責任ぶりが南海に不必要だったのです。

「チームや同僚に迷惑をかけない」ことが、団体生活の基本です。だから、罰金制度も設けなかった。団体生活をまっとうできない選手（個人事業主）とは、取引停止です。試合に出さないか、放出するか、どちらかしかありません。下手な選手は、なぜ出場できないかというと、まず、他の選手に迷惑をかける。そして、わざわざ見にきていただいたファンのみなさんに失礼だからです。

私は、そのやり方を監督として徹底しつづけました。

教えられるより覚えろ

私の打撃フォームは、川上哲治氏の影響を受けている。といって、実際に手ほどきを受けたわけではありません。私が駆け出しの頃、川上さんが打撃の神様として球界の頂点にいた。リーグも違うし、心やすく指導など受けられるものではなかった。神様から、こっそり盗んだのです。

昭和三十年、大阪球場でオールスター・ゲームが行われた。私はパ・リーグの打撃練習用の捕手としてかり出されました。仕事が終わると、急いで私服に着替えた。ネット裏から打撃練習を見るためです。お目当ては、子どもの頃からの憧れだった川上さんのバッティングでした。

「目を皿のようにする」といいますが、本当に食い入るように見ていました。そこで、不思議な光景にぶつかったのです。

レベルスイングの元祖といわれていた川上さんが、前かがみになって体の右側のところで、まるでヒシャクで水を撒《ま》くような素振りを繰り返しているのです。いまふうにいうと、ゴルフのショート・アプローチの変型とでも言えばいいでしょうか。とにかく、レベルスイングではなく、ゴルフスイングです。

頭の中に、いくつも「?」が並び、点滅しました。「なぜだろう」「どうしてあんなに低いところでばかり振るのだろう」それから一週間、そのことばかり考えていた。自分でも、実際にそのスイングをやってみました。なんだか、わけがわからない。そんなある日、「アッ」と気がついたのです。

このスイングをしていると、体重が右側から左側へスムーズに移動する。川上さんのスイングも、どちらかといえば、後ろ足(左足)に体重が残りやすい。だから、この素振りで、体重の移動を体に覚えさせていたのでしょう。

実は、プロ入り二年目だった私は、どうしても体重を左足に移動することができなかった。バットを振ると、お尻がつき出て、後ろ足(右足)に体重が残ってしまう。ゴルフのビギナーのスイングを思い出していただければいいと思います。ちょうどそんな感じで〝明治の大砲〟とアダ名がついていた。なんとか矯正しようと努力しても、うまくいかなかったのです。そこで、この川上式素振りを採用した。何十回、何百回となく、体を前かがみにしてつづけました。

「お前、何をやっているんだ」と言われながら繰り返しているうちに、とうとう悪いクセを取り除くことができたのです。

ある教育評論家の話ですと、これが最高の学習なんだそうです。学校教育も、最近は教えることが多くて覚えさせることをしないということです。考えさせないので、子どもたちが伸びない。応用が利かないらしい。そこで、「考えるチャンス、考える場を与えろ」ということが、しきりに言われているそうです。

これは、野球選手の場合も同じです。最近はコーチがすべて手とり足とりやってしまう。だから、選手に考える力がない。工夫する姿勢もありません。私の場合も、川上さんに質問すれば、すぐ教えてもらえたかもしれない。

しかし、それでは本当に自分のものにできたかどうか。自分で考えたことで時間はかかりました。その半面、解明できたときの喜びは計り知れないものです。それに取り組む熱意、持続力のエネルギーが違うからでしょう。一度、覚えれば決して忘れません。

私は、いまの若い選手に自分で考えること、工夫することを奨《すす》めたいのです。私がそうしたから——というのではありません。他の選手を見ても、そんな努力をしている人たちの方が、一度つかんだものをしっかりと自分のものにしている。応用も利くようです。「教えてもらうより覚えろ」と言いたいのです。

第六章
生涯一捕手

スレスレで勝負する●SUREの重み

人それぞれが持っている長所は、ときとして短所にもなります。たとえば、積極的に行動するタイプは猪突《ちょとつ》してしまう場合がある。あれこれと周囲に気を配るタイプが優柔不断で失敗することも珍しくありません。

野球でも同じことがいえます。捕手の立場から考えると、こうです。ストレートに自信を持っている打者は、少々ボール気味のコースでも強引に打ってしまう。変化球のときでも、よく似た失敗をしてくれる。そういった一般的な傾向のほかにも、長所と短所には興味深い相関関係があります。

強打者はそれぞれ、「ツボ」を持っている。そのコースへ入ってくる投球なら、ほとんど長打にしてしまう。ところが、そこからボール一つはずれると不思議に打てません。長打にできないのはもちろんのこと、ヒットさえ打てないケースが多い。「ツボ」のすぐ近くに「泣きどころ」があるのです。

私の計算では、一般的なストライクゾーンは、ボール約七十個分になる。ホームベースは一辺四三・二センチの正方形を基本にした五角形になっています。ボールの直径は七・三センチから七・五センチで、その一部がホームベースのどの部分を通過してもストライクです。これが横のゾーンで、ボール七個分になる。高さは打者によって個人差がありますが、胸のマークから膝がしらの部分まで平均的にみてボール十個分（七三～七五センチ）です。

ホームベースの後ろからみてみると、ストライクゾーンは横四三・二センチ、縦七三～七五センチの平面となる。この中に、ボールが七十個入るわけです。このボールに符号をつける。縦を1から10、横をAからGとすると、将棋盤と同じような形式で七十のマス目ができあがります。右打者の内角、一番高いところがA1、外角の一番低いところがG10となるわけです。数字は上から下へ、アルファベットは左から右へ、ストライクゾーンを方眼紙でとらえ、打たれたコース、打たれなかったコースを割り出します。

打たれた場合には、それが長打か単打か、ゴロかライナーかという打球の性質、方向、さらに球種、球威、狙われていたかどうか、得点差、回数、アウトカウント、ボールカウントなど、データは膨大なものになる。

打たれなかった場合でも同じことです。凡打、ファウル、空振り、見送りの結果に、いろいろな状況が加味される。

こうして、各打者を追跡調査してゆくと、一人一人について特徴が浮かびあがってきます。基本的には、A1のA角からG10の一角の対角線をストレートで攻めるのが効果的です。最近の打者はバットを立てて構え、しかもバットの先端を自分の顔より投手寄りに倒しているため、内角高め、外角低めが打ちにくい。逆にA10（内角低め）からG1（外角高め）の逆の対角線には強い傾向が出ています。

私の投手リードについて、相手の読みをはずしてゆくやり方がよくいわれました。確かに、その通りです。打者には①打つ方向を決める②コースに的《まと》を絞る③球種に的を絞る④ストレート系のタイミングで変化球にも合わせる——など、いく通りもタイプがある。外角球が弱い打者だといっても、狙われていると打たれる確率は高くなります。だから、打者の特徴をつかんで勝負してゆくのですが、その基本型になるのが、打者の傾向を追跡調査したデータです。

ただし、最後の勝負というようなときに使うのが「ツボ」の近くにある「泣きどころ」です。たとえばB、Cの4、5の四つのゾーンに強い打者がいます。その周辺に、どこか弱いところがある。それがA3かB3か、B6かは打者によって違う。しかし、方眼紙にはっきりととらえられている部分があります。

ひとつ間違うと長打ですが、成功する確率も高い。そういう「スレスレ」の勝負も何百回となくやってきた。七十個のマス目を活かした打者との闘いだったわけです。

そういった「スレスレ」の勝負に気がついたのは、捕手として十年を経てからだったと思います。「ツボの近くの泣きどころ」を発見して、投手リードの幅は大きく広がりました。

「スレスレ」をローマ字で書くと「SURE・SURE」です。英語ではシュア（確かな）となります。何事によらず、「スレスレ」には確実さが要求されるのです。

一流にはかたちがある●「型」にエネルギーを加えて

張本勲選手（現・評論家）は、三千本安打を目前にした当時でも、毎晩バットの素振りをつづけていました。

「ハリ（張本）ぐらいのバッターになれば、そこまで練習する必要はないんじゃないか」

と言うと、彼はこんな説明をしてくれました。

「そんなことはないですよ、ノムさん。ボクのバッティングには、他の人にないかたちがありますからね。夜の素振りをやめると、それを忘れてしまいそうで……。つい不安になってバットを振るんですよ」

こう言われると、私も「そんなことはない」と言わなきゃなりません。確かに、張本選手のバットスイングは、他の人にない「型」（フォーム）がありました。

しかし、本当はもう彼の「かたち」になっている。彼そのもの、なんです。だから、「忘れてしまいそう」は、張本選手の謙遜にすぎません。

誰でも、自分の「型」を持っている。打撃フォーム、投球フォーム、あるいは守備・走塁……。それが、張本選手のバッティングのように、かたちになっているかどうかが問題なのです。

「野球選手は、誰でも〝型〟を持っていますが、それがかたちにならないと本物とは言えません。怪童といわれた東映（現・日本ハム）の尾崎投手が、早く引退してしまったのも、彼がかたちをつくれなかったからなんです」

私がこんな話をすると、それに補足してくれた人がいます。

「いいところを見ているね。ちは血、乳、霊なんです。『水霊』と書いてミズチと読むように、霊は人間の精神的エネルギー、血や乳は民族の伝承的エネルギーを指している。つまり、かたちは、〝型〟がエネルギーによって表現されたとき、初めて成立するものなんだ」

私は、自分の知ったかぶりが恥ずかしかった。それでも、自分の考えに自信を持ったことだけは確かです。〝型〟があっても、ちを忘れていては本物ではない。たとえば、打撃フォームなら、それをどこまでもつきつめて考え、繰り返し練習する。そして、どれだけ自分のものにしているかです。無駄を省き、見た目にも美しいスイングができあがって、「かたち」ができたということになるのでしょう。

だから、もの真似《まね》からスタートするのは、大いに結構です。私が川上さんのスイングを真似して打撃フォームを完成した話を書きました。

初めはわけもわからず繰り返していたのですが、そのスイングの真意を自分なりに発見したことで、かたちになったと思います。もの真似から入って工夫し、自分のものにすればいいのです。元ロッテの有藤道世選手（現・評論家）は、入団した頃、長嶋茂雄そっくりでした。捕球、送球の動作、打席での構えなど、「もの真似もいい加減にしろ」などと言われた。

しかし、その後は、それらの一つ一つを自分のものにしたようです。ベンチから見ていても、パ・リーグでは「絵になる」選手の一人でした。

南海に在籍した片平晋作選手（現・西武二軍監督）も、もの真似からスタートしました。王選手の一本足打法を取り入れて、自分でも王選手になり切っているんです。打撃フォームだけじゃありません。ユニホームの着かたひとつでも、そうです。夏場に入って王選手がアンダーシャツを半袖にすると、自分も翌日から半袖にするという徹底ぶりだった。

九年目を迎えた昭和五十五年には、オールスター・ゲームにも初出場し、大変好調でした。他人の「型」を取り入れて、ようやくかたちを作り上げるところまできたということでしょう。

誰もがしたことのない自己流で成功するのも、もちろん結構なことです。しかし、自分の目の前にいいお手本があれば、どしどし取り入れて真似をするべきだと思います。五十五年、西武に入団してきた蓬萊《ほうらい》昭彦選手などは、一六八センチ、六七キロの体で、バットを振りまわしていました。彼には同じような体格だった、盗塁王の阪急・福本選手（現・評論家）という、いいお手本がありました。バットを短く持って、上から叩きつけるバッティングが適していたのです。

前期のシーズン半ば頃、それに気がついたようでした。私は彼の取り組んだ「型」が、いつになればかたちになるか、注目しつづけました。

本当に〝攻撃は最大の防御〟か

●逆行するプロ野球

「最近の野球は四点、五点が勝負ですからね。まず攻撃ですよ」

こんなふうな監督の談話が、よくスポーツ新聞に載っています。事実、ゲーム展開を見てみるとし烈な打撃戦が多い。数年前なら強力打線の象徴みたいなものだった二割五分のチーム打率も、いまはザラです。よく打つチームは二割八分程度のチーム打率をマークしている。逆に防御率は四点台どころか五点台のチームさえある。チーム防御率が四、五点以上などというのは、これはもう野球などとは言えません。ガードのないボクシングのようなものです。

こういった傾向について、「よく飛ぶボール」「よく飛ぶバット」が肯定的材料に使われます。「だから、しようがないんですよ。打ち負けないように攻撃を優先させなければ……。攻撃は最大の防御というじゃありませんか」

しかし、これは間違いだと思うのです。〝攻撃は最大の防御〟とは、どういうことを指して、そういうのでしょうか。攻撃と防御とでは、システムがまったく違うのです。恐らく、攻撃をすれば守らなくて済む、守る代わりに攻撃しろ、それこそ最大の守りである——という逆説的発想でしょう。

戦国時代、「人は城、人は石垣、人は堀」といった武田信玄は、必ず領内を出て戦いをしたそうです。しかし、信玄は相手に領内へ攻めこませない強力な軍隊を養成し、情報を集めていました。桶狭間《おけはざま》まで進軍して今川義元の大軍と乾坤一擲《けんこんいってき》の戦いを挑んだ織田信長は、首尾よく義元の首をとって勝利をあげた。それでも、以後はこんな無謀な戦いは二度とやらなかったといいます。

信玄も信長も、攻撃が最大の防御とは、特別考えていなかったと思うのです。こんな情緒的フレーズに酔うほどロマン派ではなかったに違いありません。たとえば、

「失敗は若さの特権」とよく言われる。「特権」かどうかは、その「失敗」をどう活かすかで変わってくる。それと同じことで、攻撃と防御を並列でとらえるのは、かつての日本陸軍が情緒的フレーズの落とし穴にはまったのと、同じことではないでしょうか。

『孫子』の軍争篇に、

「昔ノ善ク戦ウ者ハ、先ズ勝ツベカラザルヲナシテ、以テ敵ノ勝ツベキヲ待ツ」

とあります。

まず自軍の態勢を固めておいて、じっくり敵の崩れるのを待つ。不敗の態勢は自軍で作り、勝機は敵の態勢から見つけ出す。これが、戦いの極意というものでしょう。

野球は、ご承知の通り「攻め」と「守り」を交互に行いながら、九イニングで勝敗を決めるゲームです。「攻」と「守」は並列ではなく、裏表の関係にある。相手がよく打つから、こちらも少しぐらい守りを崩しても打つことを考える——というのでは、容易に勝機は見いだせない。相手の攻撃力が優秀なら、まず守りを固めて攻撃力を封じることからスタートすべきなのです。

いまの野球は、その守りの重要性を忘れてしまっている。大リーグが守備力を優先するのは、バッティングにスランプはあっても守備力、走力、肩にはそれがないからです。打者の一流は打率三割がメドですが、守備の一流は守備率九割五分から九割七分を見込める。

野球は、相手ばかりを見ていてはダメです。自軍を評価することからスタートしなければなりません。いま、打力優先の野球は昭和三十年代への逆行です。巨人がせっかく、V9時代に本当の野球を定着させ、教えたというのに、残念でなりません。

捕手にファインプレーはない●理想を追いかける眼

大磯《おおいそ》の海岸に、石碑が立っている。その文章が素晴らしいんです。

「海の色は、陽ざしで変わる」

詩人、高田保さんの一文です。大磯の海岸に出るには、少し坂を昇ります。昇り切ると相模湾が朝日に光っている。煌々《こうこう》と海が輝くなかで「海の色は、陽ざしで変わる」という文章を読む。目の前に広がる海の色だけでなく、お昼どきの、午後の、夕暮れの、いろんな海が目に浮かぶようです。

これほど詩的ではありませんが、私だってあれこれと想像力を働かせることがあります。ゆったりとソファーに座って、舌が焼けそうなほど熱いコーヒーを飲みながら、一時間も二時間も考える。翌日の先発投手をどうリードしてゆくか……。

将棋の中原誠名人は、百五十手から三百手ぐらい先まで読み切るそうです。これは純粋に「読み」なのでしょうが、私の場合は、第一打者の第一球から、何種類かあって「読み」というより、やはり「イメージの世界」だと思います。南海で正捕手として、いくぶん余裕が生まれてきた頃から、先発投手は必ず前日に教えてもらっていた。一回、二回、三回……とイニングを追いながら、投球を思い巡らせてゆくのは、大変な作業であると同時に、楽しみでもありました。

ソファーでコーヒーを飲みながら――なんて、カッコいい状況だけではありません。時にはトイレに入っても考えている。作家の吉川英治さんが『鳴門秘帳』のアイディアを生み出したのもトイレだったそうですが、あの狭い空間はまったく物を考えるのに適しています。興が乗ると三十分でも一時間でも座っている。まさに〝雪隠《せっちん》詰め〟です。そのために、自宅のトイレは必ず洋式にしてあります。

とくに、考えても考えても容易に結論を出せないのが、第一球を何にするかでした。

当時は「ストレートとシュートとカーブしかないんなら、その三種類のうちどれかを投げさせときゃいいよ」などと言われましたが、そんなに簡単なものじゃない。第一球というのは、相手が何を考えているか、まったく不明の状態です。二球目以降は、ボールがホームベースを通過することで、打者の反応があります。一球目を投げると、見送るにしても打つにしても、打者の意図がいろいろと読みとれる。ところが第一球は、たとえば前の打席で凡打した球種を待つタイプとか、あるいはその逆とか、またはヒットを打っている場合とか、タイプによる対応しかないのです。だから、むずかしい。

ストレートを要求するにしても、内角か外角か、高めか低めか、あるいはストライクにするのかボールにするか。変化球のストライクならストライク・ゾーンからか、ボール・ゾーンからか、などといろいろ考えなければなりません。その一球目から、相手の狙いをかわしながら、打者を仕留める組み立てを作ってゆくのです。

つくづく、「捕手は心理学者でなければならないな」と思います。人を見る眼、状況を見る眼がマスク越しに養われてきます。スタンドにお尻を向けて八人を相手にしていると、それぞれのポジションによって、人間が作られてゆくのが、よくわかるのです。ポジションによる人間性というのは、本当にあります。

「投手」は、勝ち負けが直接かかってくる起伏の激しいポジションですし、それだけに高いウェートを占めている。勝敗の七〇パーセント以上は投手が握っていると言われるくらいですから、繊細な神経を持ちながら自分の世界で思考する。これに対して「内野手」は、互いに協力しようとする気持ちが強いようです。一番、円満なタイプです。逆に「外野手」は楽天的です。飛んできた打球だけは捕ってやるよ、という感じで、どうしても個人主義的になってしまう。チームの牽引車《けんいんしゃ》は内野手が理想的だと言われるのは、そのためでしょう。

最後は、私が守りつづけた「捕手」です。どうしても、ボヤキの選手が多い。理想ばかり追いかけているからです。現実とのギャップが大きすぎるせいです。この本の全編を通じて、捕手の眼で書いてきたつもりなので、くどくは繰り返しませんが、ファインプレーのないポジションであることだけは確かです。夏場の試合など、二キロぐらい体重が落ちる職場です。そこで得るものは、自己満足だけでしょう。投手を支えた、監督に代わってよく守り通したという満足感で、二十七年間つづけてきました。責任感とチーム愛がなくては、守れないポジションです。

「即今充実」に生きる

●目標を失わずに

最近、興味深く聞いた二つの話があります。一つは渋沢栄一翁の得意話、もう一つは海軍大将で戦前から戦後にかけて学習院院長だった山梨勝之進という人の話です。

渋沢翁の話というのは、次のようなものでした。

「一生懸命に働き、金や土地を貯《た》めた爺さんがいた。子供も孫もおり、何不自由ない財産がある。時には温泉へ出かけて楽しんできたらどうかと、周囲の人が勧める。あまり強く勧めるので爺さんは怒ってしまった。働くのが、わしの道楽、金や土地は働いたカスだ。わしの楽しみを取り上げるつもりか」

この人には、働くことが生き甲斐だった。財産があとからついてきたわけです。考えてみると、私の野球人生も同じようなものです。母親に早くラクをさせたいと考えて飛び込んだ野球界でしたが、二年たち三年たつうちに、目標は変わっていった。一試合でも多く出場したい、ヒットを打ちたい、ホームランを打ちたい、なんとか投手をうまく投げさせたい、どうしても勝ちたい——その時ごとに変化はありますが、いつも野球そのものが頭を離れなかった。野球をすること、それ自体が生き甲斐だったのです。

昭和五十五年六月四日でした。福岡・平和台球場のロッテ戦で、二ケタのリードを許している七回に代打に出て、そのままマスクをかぶった。ベンチからホームプレートのところへ走ってゆくと、若い審判員がニコリとして話しかけてきたのです。

「ノムさん、野球をしていると本当に楽しそうな顔をしてますね」

私は思わず、「年寄りをからこうたらアカンがな」とテレてしまいました。それでも、その言葉が印象に残っている。「そうだったかなぁ。そんなに、うれしそうな顔をしていたのかな。やっぱり、野球が好きなんや……」

そんな、うれしそうな顔ができたのも、その年は、一週間にせいぜい二日ぐらいでした。ベンチから野球を見つづけているというのは、辛いものです。しかし、こればかりはどうにもなりません。なにしろ、体力が第一条件の世界ですから、その点では爺さんのように子どもや孫に「ワシはまだ働けるぞ」とタンカを切るわけにもいかない。それなりに、ベンチから野球を勉強する方法を見つけていたのです。

「人生、勉強や。野村から野球をとってしまえば、何も残らない。自分の野球は死ぬまで勉強しておかんとアカン」

そう考えています。爺さんのように、土地やお金は貯まらなかったが、その代わり二十七年間の現役生活から私なりに野球を見つづけてきた眼は、自慢できるくらいの財産になっていると思う。これからも、それをふやし磨いていきたい。

山梨勝之進という人の話は、そのことなんです。昭和三十四年から四十一年までの間、八十二歳から九十歳になろうとする頃まで、海上自衛隊幹部学校で講話を行ったそうです。一回の準備に三か月もかけたといいます。講話中は椅子やマイクをすすめられても、一切使わず、メモもなしだった。

「山梨さんはどうしてそんなにお元気なのですか」と聞かれた際の答えは、こうなんです。

「人間は、使命感がなくなると、頭がボケてしまいます」

この話に、頭をガンと殴られる思いでした。当時、たかが四十五歳でベテランなどといっていた自分が恥ずかしくなりました。もう、そろそろ野球人生も終わりに近い—なんて、いっていられない。確かに、現役生活は終わりました。しかし、野球を人間の営みのひとつとして、追求する作業は残っている。その作業を謙虚に正直にやってゆけば、いままで私に野球をさせてくれた人たちへの恩返しができるのではないか、そう思うのです。

長い選手生活のなかで、野球と社会の関係を見てきたつもりです。三種類あることに気がつきました。

「野球を楽しんでいる人」「野球から学んでいる人」「野球に人生を見ている人」

私は、「自分はどえらいことをしてきたんや」と、背筋が寒くなったのを覚えています。「野球とは、守備の美しさである」と書いたのも、自分自身で人生がわかりかけたから、というよりも、野球を手がかりに「人生とはなんぞや」を理解しかけたから、と言えるかもしれません。私は、野球追求のために「今」を充実して生きたいと思います。

「即今充実」という言葉があるそうですね。この本を書くにあたって、ある先輩に「書いてもいいでしょうか」と相談したら「迷っているうちは書くな。迷いがそのまま出るぞ。書くと決まったら体で書け。書き終わったら君自身が変わっているはずだ」と、どやされました。

いま、筆を擱《お》くにあたって、自分が「どう変わったか」はわかりません。しかし、少なくとも、書くまえの私ではありたくない。「今」の私を充実したいという気持ちでいっぱいです。どうぞよろしくお願いします。

あとがき

宮本武蔵は「観見の二眼あり」と言いました。対象そのものを見る眼、対象の奥を見る眼の二つです。野球も同じで、対象そのものだけに眼を奪われていては、凡人の域を乗り越えられないし、選手としても長続きできません。投手だけしか見えない打者、打者しか見えない投手や捕手ではダメなのです。

二十七年間の選手生活を通じ、最大にして最強の敵は自分自身でした。満足感、妥協、限定……といったものが、しのび寄ってきます。それを振り払い、撃退することの方が、稲尾投手や米田投手との対戦に勝つことよりも苦しかった。何度となく横道へそれてしまいそうになりました。脇道から引き返したこともあります。そんな経験を繰り返しながら、今になってみると、人間は成功すること（結果）より、努力すること（過程）に意義があるんだなと、しみじみ考えるのです。

私は、昭和四十三年に亡くなった母に、二つの点で感謝しています。一つは、野球選手として通用する肉体をもらったこと。もう一つは、「カツ（克也）、男は、黙って仕事をしなきゃいかんぞ」という言葉です。

母は、無口な女性でした。いつも黙って手順よくテキパキと働いていました。しかも、先を読んだ丁寧な仕事ぶりでした。今でも、母のことを思い出すと、そんなふうに働いている姿しか浮かんでこない。その母が口を開くと、「黙って仕事をしなきゃいかん」という話をしたものです。

無駄口をたたかないことで、集中力が生まれます。一つのことを深く追求することも可能になります。そして、何よりも「仕事の過程」を重視する習慣がつきました。母の言葉は、野球人としての私の背骨となっていたようです。

なぜ、猛練習するか。なぜ、ケガをしても試合を休まなかったか。紆余曲折《うよきょくせつ》を経ながらも四十五歳まで現役生活をつづけられたのは、なぜか。それらの答えはすべて同心円の中にあります。野球人として少しでも高い水準に達したい、高い水準を維持したい——ということでした。簡単にいうと、「いい仕事をしたい」ということです。そのためには、たえず新鮮な気持ちを持続してゆかなければなりません。

私は、好きだった野球を職業とすることができた。だから、まがりなりにも「いい仕事をする」のは、比較的ラクだったのかもしれません。努力などという言葉を使うのは、おもはゆい気もします。練習それ自体を苦痛と考えたことはなかったのですから……。

しかし、いつまでも、選手時代の追求心は忘れたくありません。背広の背中には背番号はついていませんが、「よりよき野球人」として、物事をとらえ、社会と対応してゆきたいと考えています。仏者の言葉に「無依是真人」という言葉があります。雨が降ってもさしかけてくれる傘を期待せず、自分一人の力で人生を切り拓いてこそ真の人間である。この言葉を教えてくれた先輩は、「君もこれからは、そういう生き方を考えたまえ」というように、ピシッとした字で、この言葉を書いてくれました。

常に、野球人・野村の緊張感を忘れず、背筋をピンとのばして歩きたいと願っています。

野村克也

〈この作品は一九八〇年に刊行された〉

39258

野《の》村《むら》克《かつ》也《や》

敵は我に在り
〈新装版〉上巻

●——二〇〇八年三月 五 日 初版発行
二〇〇八年七月二十日 六版発行

発行者——栗原幹夫
発行所——KKベストセラーズ
〒170-8457 東京都豊島区南大塚二-二九-七
電話〇三-五九七六-九一二一（代表）
振替〇〇一八〇-六-一〇三〇八三
http://www.kk-bestsellers.com/
印刷所——凸版印刷 製本所——フォーネット社

Printed in Japan ISBN978-4-584-39258-4